Schottland

SOUL PLACES

Sandra Wickert

WESTERN
ISLES
HOTEL
TOBERMORY

Fàilte!

Wo findet man die Seele Schottlands? Auf den majestätischen Bergen der Highlands, an den weißen Sandstränden der Äußeren Hebriden, auf Edinburghs legendärer Royal Mile, in den beschaulichen Fischerdörfern von Fife oder gar tief auf dem Grund von Loch Ness? Schottland ist nicht umsonst ein Sehnsuchtsort für viele. Doch die spektakulär schöne Natur, jahrtausendealte Geschichte und die spannenden Sehenswürdigkeiten machen nur einen Teil des Zaubers aus.

Für mich ist Schottland ein Gefühl, das sich tief in mein Herz geschlichen hat, seitdem ich das erste Mal schottischen Boden betreten habe. Ich erinnere mich noch ganz genau, wie die vage Vorstellung eines Landes, das ich bisher nur aus Filmen und Erzählungen kannte, plötzlich zur Realität wurde: mitten in Glasgows Einkaufsstraße Buchanan Street, als selbst ein urplötzlich einsetzender Platzregen den Dudelsackspieler nicht davon abhalten konnte, „Flower of Scotland" zum Besten zu geben.

Überhaupt, der Regen: „Ist doch gutes schottisches Wetter, der Regen fällt fast senkrecht, nur ganz leicht von der Seite", stellt William Wallace in Braveheart fest. Recht hat er, und „der Regen von heute ist der Whisky von morgen", wie ein altes schottisches Sprichwort sagt.

Auf der Suche nach der Seele Schottlands bin ich auf bekannten und weniger bekannten Pfaden gewandelt und habe 80 Orte ausgewählt, die nicht nur für mich echte Soul Places sind. Sie sind mir per Zufall begegnet, sie wurden mir von Freunden, Blog-Lesern oder den Menschen, die ich unterwegs kennengelernt habe, empfohlen. Die Plätze könnten unterschiedlicher nicht sein: von mystischen Steinkreisen auf den Äußeren Hebriden über eine viktorianische Markthalle in Inverness bis hin zum atemberaubenden Dunnottar Castle in Aberdeenshire und kulinarischen Entdeckungen auf der Isle of Skye.

Kommen Sie mit auf eine Entdeckungsreise, ganz egal, ob Sie zum ersten Mal nach Schottland reisen oder immer wieder. Denn eins ist sicher: Wer einmal die Seele Schottlands gefühlt hat, den lässt dieses Land nie mehr los.

Sandra Wickert

Inhalt

41 Opulenz hat einen Namen – das Lauriston Castle.

42 Ein ländlicher Ort inmitten von Schottlands Hauptstadt.

43 Auf der Royal Mile von Edinburgh gibt‘s für alle was.

44 Auf den Hund gekommen.

45 Arthur‘s Seat: Ein Ausblick auf ganz Edinburgh.

46 Kegeln im ältesten Pub Schottlands. Sheep Heid Inn.

47 Auf dem Fife Coastal Path bis zu Crails Tearoom.

48 Golf in einer Universitätsstadt spielen. St. Andrews.

49 Perth. Die aufregende Reise des Stone of Destiny.

50 Wenn die Lachse die Treppe hochspringen: Pitlochry.

51 The Fife Arms – ein Hotel als lebendes Kunstwerk.

52 Kurort für die Royals. Wandern durch Kiefernwälder.

53 Schottischer Käse: Von der Herstellung bis auf den Teller.

54 Die schottischen Kronjuwelen in Dunnottar Castle.

55 Eine Wette, die zu einem Kultgericht führte. The Carron.

56 Delfine vom Café in Aberdeen aus beobachten.

57 Old Aberdeen: Nobelpreisträger und Philosophen.

58 Die Robbenkolonie am Newburgh Seal Beach.

59 Mit den Mönchen beten, die Seele in Einklang bringen.

60 Rentiere in Schottland in den Cairngorm Mountains.

61 In die Vergangenheit der einfachen Bevölkerung blicken.

62 Neben Nessie schlafen. Glamping in Torness.

63 Inverness. Einkaufen in viktorianischer Pracht.

64 Das Velocity Café in Inverness: alles rund ums Rad.

65 Leidenschaft für Bücher. Leakey's Bookshop.

66 Für einen Wunsch Stofffetzen an Bäume hängen.

67 Endlose Sandstrände und Ruhe in Nairn genießen.

68 Idyllische Halbinsel und düsteres Edinburgh.

69 Eine Open-Air-Galerie als Hommage an die Stadt.

70 Eine Treppe hinunter zum Hafen. Die Whaligoe Steps.

71 Auf einen Absacker an der kürzesten Straße der Welt.

72 Das imposante Castle Sinclair Girnigoe besuchen.

73 Mit dem Zug durch Schottland. Natur rauscht vorbei.

74 Thurso East: Ein Ort für hartgesottene Surfer.

75 Schlafen wie die Royals. Das Schloss Queen Mums.

76 Vom Leuchtturm in den Himmel schauen.

77 Auf zum Hexenhut. Wandern zu den Duncansby Stacks.

78 Am Ende Schottlands trinkt man Whisky!

79 Ein Steinzeitdorf und mystische Steinkreise. Orkney.

80 The Orkney Furniture Maker: Handgearbeitete Möbel.

Leidenschaft ist immer siegreich.

Theodor Fontane

Das Leben erleben

Die Kultur schmecken

Den Puls spüren

VOLLER ENERGIE & TATENDRANG

Genuss

Momente für die Ewigkeit schaffen

SICH INS ABENTEUER STÜRZEN

NEUE BEKANNTSCHAFTEN SCHLIEßEN

#eintauchen

kommunikativ sein

LOVE

Es gibt keine richtige Art, die Natur zu sehen. Es gibt hundert.

Kurt Tucholsky

BREATHE IN

BREATHE OUT

ZUR MITTE FINDEN

Natürlich

Natürlich

Natürlich

schön

Heilende Ruhe

EINE PAUSE MACHEN

#Achtsamkeit

into the unknown

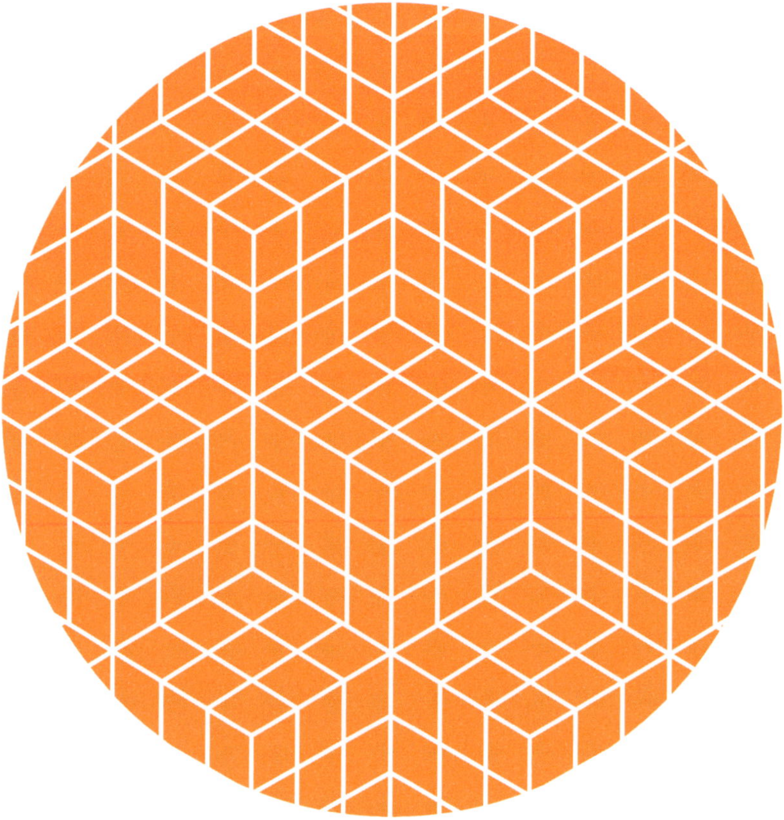

Der Geist spricht zum Geist und nicht zu den Ohren.

Giacomo Girolamo Casanova

Bewusstsein

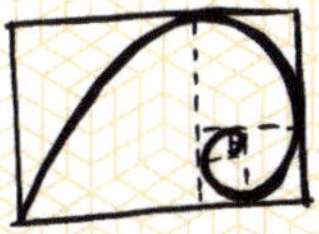

1 2 3

Once upon a time …

Den Geist beschäftigen

Kreativität ist ein Fluss

KULTUR

Mystik & Magie

Neue Perspektiven gewinnen

Ein 5000 Jahre alter Steinkreis und ein Ritual zur Mittsommernacht.

Obwohl man sie in der schwachen Dämmerung des anbrechenden Tages kaum sehen kann, spürt man ihre Präsenz. Als sich der Morgennebel lichtet und sich der Himmel zartrosa färbt, sind sie plötzlich sichtbar: Vier Reihen alter Steine, die einen Ring bilden und in alle Himmelsrichtungen kreuzförmig ausstrahlen. In ihrer Mitte ragt ein fast fünf Meter hoher Monolith hervor.

Wenn der Kuckuck ruft …

Die Calanais Standing Stones bei Sonnenaufgang zu besuchen, ist besonders magisch. Wer das zur Sommersonnenwende tut, kann diesen mystischen Moment mit anderen Menschen teilen. Laut der Legende soll an jenem Tag *The Shining One* erscheinen, angekündigt durch den Ruf des Kuckucks. Der Brauch, zur Sommersonnenwende die Steine zu besuchen, um das Wesen zu begrüßen, dauerte selbst dann an, als die Kirche es verbot – es wurde einfach im Verborgenen weiter getan.

Von Heimlichtuerei ist heute nichts mehr zu merken. Die Leute, die sich hier am Morgen der *Summer Solstice* versammelt haben, warten mit Gesang und Trommeln darauf, dass das überirdische Wesen erscheint. Vielleicht warten sie auch einfach darauf, ein gutes Foto zu schießen, denn die meisten haben erwartungsvoll ihre Handys gezückt.

Das gute Auge des Sir Matheson

Auch ohne einen Hang zu alten Legenden sind die Calanais Stones auf der Hebrideninsel Isle of Lewis eine Sehenswürdigkeit, die man auf keinen Fall auslassen sollte.

Wie die Stones of Stenness auf Orkney (Soul Place 79) sind sie wahrscheinlich die ältesten von Menschen geschaffenen Bauwerke in Schottland, sogar älter als die Pyramiden in Ägypten und das berühmte Stonehenge. Warum sie gebaut wurden, weiß keiner so genau, es wird aufgrund ihrer Ausrichtung vermutet, dass sie mit einem Mondkult in Verbindung stehen könnten.

Hätte Sir James Matheson, der die Isle of Lewis Mitte des 19. Jahrhunderts als Wohnsitz erwarb, nicht im Hochmoor die Spitzen einiger Steine gesehen, wüssten wir wohl nichts über sie. Schicht für Schicht ließ er die Torfdecke abtragen und legte so die größte bekannte Steinformation der Megalithkultur auf den Britischen Inseln frei.

Wo?

Isle of Lewis HS2 9DY

Wann?

Die Calanais Standing Stones können ganzjährig kostenlos besichtigt werden. Das Besucherzentrum wird momentan renoviert und ist geschlossen.

Wichtiges

www.calanais.org; während man im Englischen von den *Callanish Standing Stones* spricht, lautet die gälische Bezeichnung, die auch die Einheimischen verwenden, *Calanais*

Der Reiz der Abgeschiedenheit: Durchatmen auf Uist.

Wenn der Lärm des Alltags mal wieder zu viel wird, ist es an der Zeit, die Lautstärke runter zu drehen. Es gibt nicht viele Orte auf dieser Erde, an denen das so gut möglich ist wie auf Uist. Das Archipel der Äußeren Hebriden besteht aus sechs bewohnten und einigen weiteren unbewohnten Inseln.

Fernab der Massen

Die unberührte Landschaft, das Gefühl, wirklich weit weg von allem zu sein und der viel zitierte Gemeinschaftssinn unter den Inselbewohnern verändert etwas in den Besuchern. Wer einmal auf Uist gewesen ist, kann dies nachempfinden.

Nicht wenige der auf Uist lebenden Menschen sind *Crofter,* was man in etwa mit Kleinbauern gleichsetzen kann: Sie halten Schafe oder Kühe, pflanzen Kartoffeln an oder stechen Torf. Die jüngere Generation gründet Unternehmen, wie Jonny Ingledew und Kate MacDonald, die wieder in ihre Heimat zurückkehrten, um dort die North Uist Distillery zu eröffnen.

Das maritime Erbe der Inseln ist allgegenwärtig. Die frisch gefangenen oder nachhaltig vor der Küste gezüchteten Fische und Meeresfrüchte werden teilweise exportiert, teilweise vor Ort verarbeitet und zum Verzehr angeboten. Das Hebridean Smokehouse auf North Uist ist für seinen torfgeräucherten Lachs berühmt, auf der Karte des Namara Seafood Café stehen hebridische Langusten und in Charlie's Bistro auf der Isle of Benbecula gibt es Seeteufel-Fish and Chips.

Gälische Traditionen werden hier noch gelebt: Wer die Möglichkeit hat, sollte unbedingt an einem traditionellen Tanzabend, genannt *Cèilidh,* teilnehmen. Die Schritte lernt man nach ein wenig Beobachtung recht schnell.

Maximale Wassertemperatur: 15 °C

Wem das zu viel an Entertainment ist: Die Strände von Uist zählen zu den schönsten und einsamsten der Welt. Der Kilpheder Beach in South Uist ist über 32 Kilometer lang und mit *Machair* gesäumt, der speziellen Art von Dünenweide, die man nur in Schottland findet. Auf der Insel Berneray befindet sich mit dem West Beach ein weiterer Bilderbuchstrand – mit seinem türkisfarbenen Meerwasser kann er es locker mit jedem Karibikstrand aufnehmen.

Wo?

North Uist Fährhafen: HS6 5AA
Benbecula Flughafen: Balivanich, Benbecula HS7 5LW

Wann?

Die beste Reisezeit ist zwischen Mai und Juni.

Wichtiges

Die Fähre fährt ab Uig auf Skye und legt in Lochmaddy in North Uist an. Im Sommer fährt die Fähre von Mallaig nach South Uist, im Winter ab Oban.
Flüge nach Benbecula ab Glasgow und Inverness

Der Geschmack von Skye: Ein kulinarisches Erweckungserlebnis.

„Und dann kam das Essen – Essen, das zeigte, dass der Koch eine wahre und schöne Gabe hat, bei dessen Kochen es nicht darum geht, Beifall zu ernten, sondern um die Freude an der Sache." Wenn man solche Lobeshymnen über sich lesen darf, kann man sicher sein, bei der Berufswahl die Augen ganz weit geöffnet gehabt zu haben. Besonders, wenn sie von niemand Geringerem als Nigella Lawson stammen, der mehrfach ausgezeichneten britischen Fernsehköchin.

Frischer geht's nicht

Diese lobenden Worte gelten Scott Davies, der von 2015 bis 2024 das Three Chimneys als Küchenchef leitete – und die Küche des Restaurants damit auf ein ganz neues Level hob. Das Restaurant liegt vor der dramatischen Kulisse der Halbinsel Duirinish, an den Ufern des Loch Dunvegan und zählt zu den besten Adressen in Schottland.

Die meisten Zutaten für die Gerichte stammen direkt aus der Region, seien es Jakobsmuscheln aus Sconser, Algen aus Wick oder Krabben und Langusten aus Dunvegan. Unter den Lieferanten sind passionierte Experten wie Jeff, der seine Pilzsammelstellen zwar niemandem verrät, seine gesammelten Schätze aber gerne an das Three Chimneys weitergibt.

Wenn Essen zur Kunst wird

Die Gerichte sind mit Bedacht kreiert, um die Insel Skye samt den Highlands zu repräsentieren. Kostprobe gefällig? Wie wäre es mit einem Snack wie Dunlop-Käse-Mousse mit Tomatenelixier und Erdbeeren, gefolgt von Loch Dunvegan Langusten als Vorspeise, gebackenem Ricotta mit geräuchertem Artischockenpüree als Hauptgericht und schließlich einer Auswahl an schottischem Käse zum krönenden Abschluss?

Nach fast 10 Jahren gibt es nun wieder einen Wechsel im Three Chimneys: Chef Davies zieht zurück auf das schottische Mainland, um näher bei seiner Familie zu sein. Sein Team führt seine innovativen Ideen weiter und auch unter neuer Ägide gilt: Im Three Chimneys essen zu gehen ist eine Entscheidung für Genuss auf höchstem Niveau, die die Skye-Erfahrung um einen kulinarischen Höhepunkt erweitert. Dafür muss man natürlich etwas tiefer in die Tasche greifen als beim Pub um die Ecke: die mehrfach prämierte Küche hat ihren Preis.

Wo?

Colbost, Dunvegan, Colbost, Isle of Skye IV55 8ZT

Wann?

Täglich um die Mittagszeit, dann wieder abends von 18 bis 21.30 Uhr

Wichtiges

Reservierung unbedingt empfohlen: www.threechimneys.co.uk

Kleine Wanderung ganz groß – und oben wartet der Riese.

Zu einer Zeit, als die Riesen die Insel Skye bewohnten, kam es oft zum Kräftemessen zwischen den Giganten. Nach einem denkwürdigen Zweikampf musste sich ein besonders großer Riese seinem Widersacher geschlagen geben: Er ging zu Boden und wurde von diesem alsbald verschluckt. Lediglich die Finger seiner gewaltigen Hand blieben zurück, recken sich heute noch als zerklüftete Felsen empor und sind als *The Old Man of Storr* berühmt.

Interpretationssache

Das zumindest ist die jugendfreie Variante der Sage – in einer pikanteren Version handelt es sich um ein anderes, eher intimes Körperteil, das durch Versteinerung heute zu einer der markantesten Attraktionen auf der Insel Skye geworden ist.

Etliche weitere Legenden und Mythen ranken sich um die Entstehung der Felsformation, es ist die Rede von zerbrochenen Herzen, von freundlichen, aber auch hinterhältigen Fabelwesen. Und dann gibt es noch die wissenschaftliche Perspektive, die davon ausgeht, dass der 55 Meter hohe Basaltfelsen ein Überbleibsel eines über 2,8 Millionen Jahre alten Lavastroms ist, der sich bei einem Vulkanausbruch gebildet hat.

Gänsehautfeeling

Ob man lieber dem Mythos glaubt oder sich an Fakten hält, sei jedem selbst überlassen – Tatsache ist, dass die Wanderung zum *Old Man of Storr* auf der Halbinsel Trotternish zu den schönsten zählt, die man in Schottland unternehmen kann. Bereits nach einem vergleichsweise kurzen Aufstieg zum Fuß des Felsens offenbart sich dem Betrachter, sofern das schottische Wetter es zulässt, ein atemberaubendes Panorama: die Gipfel des Torridon-Gebirges, die sich aus dem Meer zu erheben scheinen, die Inseln Raasay und Rona sowie die felsige Gebirgslandschaft der Cuillin Hills.

Die Strecke mit knapp vier Kilometern ist in einer guten Stunde zu schaffen, aber warum eilen, wenn es doch so viel zu entdecken gibt? Der Trotternish Ridge, ein Bergrücken, dessen höchster Gipfel der *Old Man of Storr* ist, wurde als spezielles Schutzgebiet ausgewiesen und beherbergt seltene Gräser, Bussarde, Falken und sogar majestätische Steinadler, die hoch oben ihre Kreise ziehen und am Boden nach Beute Ausschau halten.

Wo?

Skye IV51 9HX, Halbinsel Trotternish, entlang der A855 zwischen Portree und Uig

Wann?

Die Wanderung ist zu allen Jahreszeiten schön, im Winter kann es jedoch etwas rutschig werden.

Wichtiges

Es gibt einen kostenpflichtigen Parkplatz sowie gratis Toiletten am Ausgangspunkt der Wanderung.

4 SKYE, OLD MAN OF STORR

Leute machen Kleider: Die kunterbunte Welt von Therssy und Gavin.

Zwei Inseln, die unterschiedlicher kaum sein könnten: Die eine ist ein eigenes Land im Indischen Ozean mit einer Bevölkerung von über 22 Millionen Menschen, während die andere lediglich die größte Insel der Inneren Hebriden ist. Trotz dieser Gegensätze verbindet Sri Lanka und Skye jedoch mehr, als man auf den ersten Blick vermuten würde: das gemeinsame nationale Heißgetränk Tee – und die Mücken, die hier wie dort die Menschen plagen.

Mehr als ein Urlaubsflirt

Als der junge Fischwirt Gavin Major in den 1980er-Jahren von seinem Unternehmen für ein paar Monate nach Sri Lanka entsandt wurde, ahnte er noch nicht, dass er bald für neue Synergien zwischen den beiden Inseln sorgen würde. Er verliebte sich in eine junge Frau namens Therssy, die seine Gefühle erwiderte. Der Rest ist Geschichte – und hält bis heute an: Gemeinsam gründeten die beiden Skye Batiks – ein Textilunternehmen, das die sri-lankische mit der schottischen Textiltradition verbindet.

Im Ladengeschäft in Skyes Hauptstadt Portree riecht es nach Räucherstäbchen, die Kleiderständer biegen sich unter der Last von farbenfrohen Hemden, Röcken und Schals. Ein traditionelles sri-lankisches Fischerboot schwebt von der Decke herab, und mitten im Geschehen steht Gavin. Er erzählt von den Anfängen sowie der Gegenwart und zeigt Fotos aus der Werkstatt in Sri Lanka, in der die handgefertigte Batikkleidung entsteht.

Kultkleidung

Ebenfalls im Sortiment: die gewebten Baumwollkittel, die hier unter dem Namen *Guga* angeboten werden. Sie werden sowohl auf der Isle of Skye als auch in Sri Lanka von Hand genäht.

Die Kreationen von Gavin und Therssy sind auf Skye allgegenwärtig, und wenn man eines ihrer Kleidungsstücke trägt, kann man sicher sein, dass man darauf angesprochen wird – Skye Batiks ist längst Kult, und das bereits seit über drei Jahrzehnten. Einen schottischen Klassiker gibt es mittlerweile auch im Sri-Lanka-Style: Die *midges,* jene Stechmücken, die im Sommer in den Highlands ihr Unwesen treiben, sind in der handgewebten Version glücklicherweise völlig harmlos.

Wo?
The Green, Portree IV51 9BY

Wann?
Geöffnet täglich außer Sonntag

Wichtiges
www.skyebatiks.com

Ein Ort für den Austausch: Café, Galerie und Treffpunkt in einem.

Der weiße Sand und die Farbe des Wassers, die selbst an einem trüben Tag unwirklich schön ist: Die Strände von Harris sind schuld daran, dass Leonie sich in die schottischen Inseln verliebte. Dass sie mittlerweile aber nicht auf den Äußeren Hebriden lebt, sondern auf einer noch kleineren Insel der Inneren Hebriden, hat sie der Liebe zu einem Mann zu verdanken.

Inselliebe

Genauso schnell wie ihr Mann, der hier geboren und aufgewachsen ist, ihr Herz erobert hat, hat es auch die Insel Raasay geschafft: „Ich bin seit drei Jahren hier und merke immer wieder, dass es meine Lieblingsinsel ist. Der Süden ist grün, es gibt Wald und – immerhin – Steinstrände, der Norden ist flach und karg. Dort hat man manchmal das Gefühl, ganz alleine auf der Insel zu sein."

Verbindungen schaffen – damals wie heute

Das ehemalige Telefonhäuschen von Raasay diente in den letzten Jahrzehnten verschiedenen Zwecken. Als die letzte Betreiberin, eine Goldschmiedin und Leonies Schwägerin, von der Insel wegzog, übernahm Leonie ihr Atelier – und den Schmuck gleich mit. *The Exchange* begann mit der Idee, eine Galerie zu eröffnen – unter anderem um dort die Werke von Leonies Mann Calum auszustellen, der Künstler und Fotograf ist. Seine Illustrationen, Zeichnungen und Fotos der Region werden dort präsentiert und können, neben weiteren ausgesuchten Produkten, gekauft werden. Lediglich Galeristin zu sein, war Leonie aber zu wenig. Was die Insel wirklich brauchte? Kaffee!, so ihr Fazit. Und einen Ort, an dem Einheimische ihre Mittagspause verbringen und Besucher auf dem Weg zu ihrer Wanderung auf ein Getränk vorbeischauen.

The Exchange ist ein Ort, an dem sich jeder willkommen fühlt und wo man die Liebe der Einheimischen zur Insel spürt. Es ist nicht nur ein Café, ein Shop oder eine Galerie, sondern auch ein Zufluchtsort bei schlechtem Wetter, eine Touristeninformation für diejenigen, die sich verirren, oder ein Ansprechpartner für Fahrpläne, wenn man die Fähre verpasst hat. Und wer ganz viel Glück hat, bekommt von Leonie neben einer Tasse duftendem Kaffee sogar eine persönliche Inselrundfahrt – denn Taxis oder gar Busse gibt es auf Raasay nicht.

Wo?

The Old Telephone Exchange
Clachan, Isle of Raasay IV40 8PB

Wann?

Öffnungszeiten bitte der Website entnehmen: www.calumgillies.art

Wichtiges

Der Besuch von *The Exchange* lässt sich ideal mit einer Wanderung auf dem Miner's Trail verbinden (Soul Place 7).

Skyes kleine Schwester: Die Insel ohne Füchse, dafür mit Whisky und Gin.

Sie ist die Nachbarin einer der bekanntesten Inseln Schottlands, und dennoch ist die Isle of Raasay nur wenigen Schottland-Urlaubern ein Begriff. Das kleine Eiland der Inneren Hebriden lockt mit einem der vielfältigsten Ökosysteme Schottlands, atemberaubenden Aussichten, Überresten einer jüngst vergangenen industriellen Ära und einer der modernsten Destillerien des Landes. Höchste Zeit, diesen Ort zu besuchen.

So nah – und doch weit weg vom Trubel

Die Überfahrt von der Fähre ab Sconser auf Skye dauert gerade mal 20 Minuten und schon taucht man in eine andere Welt ein. Auf Raasay gibt es weder Eichhörnchen noch Füchse, dafür viele Schafe, einige Highland-Kühe, Kaninchen, Fischotter sowie die Raasay-Wühlmaus, die nur hier heimisch ist. Und 160 Menschen, die das kleine Eiland ihren Lebensmittelpunkt nennen.

Ein beträchtlicher Teil von ihnen, ungefähr ein Zehntel, arbeitet in der Isle of Raasay Distillery. Die Whisky- und Gin-Brennerei öffnete ihre Pforten erst 2017 und fängt den Charakter der Insel mit ihren Spirituosen ein. Das Ergebnis ist ein leicht torfiger, ausgewogener Whisky, durchzogen von reichen Fruchtaromen sowie ein erfrischender Gin, dessen Wacholderbeeren direkt vor Ort gesammelt werden. Umgekehrt prägt auch die Destillerie die Insel: Ein Hauch von Maische liegt in der Luft.

Lost Place mit Schafen

Beim Spaziergang durch Raasay entdeckt man rasch Relikte vergangener Zeiten. Ein Abschnitt des Dorfes Inverarish wurde im Ersten Weltkrieg als Kriegsgefangenenlager genutzt, in dem die Insassen in den Erzminen arbeiten mussten. Kurz nach Kriegsende wurde die Mine stillgelegt. Auf dem Miner's Trail, der sich über knapp vier Kilometer entlang der stillgelegten Eisenbahnlinie bis zu den Aufbereitungsanlagen in East Suisnish erstreckt, sieht man die Überreste dieser Zeiten: Pfeiler der verlassenen Eisenbahn, die durch den Wald ins Nirgendwo führt, den ehemaligen Pier sowie die Hütten und Öfen der Mine.

Heute nutzen Fotografen die Ruinen als faszinierendes Motiv – und Schafe als Unterschlupf, wenn der Wind mal wieder kräftig über den Sound of Raasay bläst.

Wo?

Raasay, Innere Hebriden, zwischen Skye und dem schottischen Festland, nur erreichbar via Fähre ab Sconser

Wann?

Ganzjährig, die Destillerie ist im Winter für einige Wochen geschlossen. Fährzeiten unter www.calmac.co.uk

Wichtiges

Tastings und Führungen: www.raasaydistillery.com

Slow Travel: Zeit da verbringen, wo andere nur vorbeifahren.

Das kleine Dorf Kyle of Lochalsh an der Nordwestküste Schottlands war einst ein beliebter Ort für Reisende. Früher legte hier die Fähre nach Skye ab, doch seit der Eröffnung der Skye-Brücke im Jahr 1995 wird Kyle oft nur noch durchfahren. Auf den ersten Blick wirkt es unspektakulär: ein Fährhafen, ein Bahnhofsmuseum und typische Merkmale kleiner britischer Orte – einige Läden, ein Supermarkt, eine Tankstelle, Restaurants und Cafés.

Leicht zu übersehen

Das wirkliche Highlight von Kyle verbirgt sich am Dorfrand: *The Plock* ist das von der Gemeinde verwaltete Waldgebiet. Ein Paradies für Mensch und Tier, mit zahlreichen Wandermöglichkeiten und atemberaubenden Ausblicken. Wenn man den unscheinbaren Weg am Ende des Dorfs nach oben geht, findet man schnell einen Wegweiser zu *The Plock* und wird nach wenigen Schritten mit den ersten Ansichten belohnt: Die weißen Häuser von Kyle und die Skye Bridge.

Es lohnt sich jedoch, noch ein wenig weiterzugehen. War die Aussicht davor schon recht passabel, darf man sie von nun an ruhig als spektakulär bezeichnen. Die dramatischen Cuillin Hills auf Skye, die Halbinsel Applecross und die kleine Insel Eilean Bàn.

Ursprünglich diente der Aussichtsort einem strategischen Zweck: Mit zwei Kanonen ausgestattet, bildete er einen integralen Bestandteil der Küstenverteidigung während des Zweiten Weltkriegs. Heute informieren Schautafeln über die jüngere und ältere Vergangenheit. *The Plock* war und ist ein beliebter Ort für die Einheimischen, auch wenn der örtliche Golfplatz, den man von hier aus sehen kann, heute nur noch Brachland ist, das sich die Natur langsam zurückerobert.

Baumlehrpfade und andere Trails

Wenige Schritte entfernt erstreckt sich eine Wald- und Moorlandschaft mit einem Netzwerk aus abwechslungsreichen Pfaden. Sie führen durch Wälder und Moore bis an die Küste. Man kann sich auch auf eine der Bänke setzen und Ausschau halten: Vielleicht sieht man hier beheimatete Seehunde oder erhascht einen Blick auf ein auftauchendes U-Boot – die Broadford Bay bei Kyle ist ein bevorzugter Übungsplatz der Royal Navy.

Wo?

21 Heathmount Pl, Kyle of Lochalsh, Kyle IV40 8BT

Wann?

Jederzeit begehbar. Im Frühling hat man hier die Chance, die Blüte des Atlantischen Hasenglöckchens *(bluebells)* zu sehen.

Wichtiges

Der Aussichtspunkt ist auch mit dem Auto erreichbar und es gibt einige Parkplätze auf mehreren Ebenen.

Wo sich Fischer und Seehund guten Morgen sagen.

Die berühmte Panoramaroute *Road to the Isles* endet in Mallaig und auch für den als „Hogwarts Express" bekannten Jacobite Steam Train geht es hier nicht weiter: Es scheint, als würden fast alle Wege in Schottland in das kleine Fischerdorf an der Nordwestküste Schottlands führen.

Hafenromantik

Je nachdem, ob man in oder außerhalb der Saison kommt, geht es in Mallaig entweder wuselig oder angenehm ruhig zu. Obwohl ... an einem Ort ist das ganze Jahr über geschäftiges Treiben: Der Fischerei- und Fährhafen wurde 1840 gegründet und gewann seit der Anbindung Mallaigs an das Eisenbahnnetz schnell an Bedeutung. Während früher hauptsächlich Heringe in den Netzen der Fischer landeten, sind heute Hummer und Garnelen die lokale Spezialität. Fangfrisch auf den Teller kommen sie dann in den örtlichen Restaurants wie dem *The Cornerstone* oder *The Chlachain Inn.*

Aufgrund seiner strategischen Lage ist Mallaig ein idealer Ausgangspunkt für die Erkundung der Umgebung: Von hier aus kommt man ganzjährig mit der Fähre zur Isle of Skye und zu den kleineren Inseln wie Cann oder Rùm.

Zwei Stunden – oder zwei Tage?

Mallaig scheint sich mit seinem Schicksal abgefunden zu haben, dass es meist nur von Tagesausflüglern besucht wird oder lediglich als Stopover auf dem Weg nach Skye dient: Man hat sich auf die Touristen eingestellt und bietet ihnen jede Menge an Restaurants, Cafés, Pubs und kleinen Geschäften in Laufnähe des Bahnhofs. Den Zauber Mallaigs kann man auch erspüren, wenn man nur knapp zwei Stunden Zeit hat, wenn man zum Beispiel mit dem Zug hier einen Zwischenstopp macht.

Wer die Möglichkeit dazu hat, sollte sich aber unbedingt etwas mehr Zeit nehmen, um das charmante Dörfchen zu erkunden. Der Mallaig Circular Walk ist eine gut einstündige Rundwanderung auf den umliegenden Hügeln, bei der einem nicht nur der Ort zu Füßen liegt, sondern man an guten Tagen sogar einen Ausblick bis auf Skye hat.

Bevor man Mallaig wieder verlässt, sollte man unbedingt noch eine Runde um das Hafenbecken drehen und nach den Seehunden Ausschau halten, die es sich hier in der Sonne gern gut gehen lassen.

Wo?

Mallaig PH41 4QE liegt an Schottlands Westküste, in der den Highlands zugehörigen Region Lochaber. Per Bahn zu erreichen mit West Coast Railways ab Fort William, Autofahrer nehmen die A830.

Wann?

Prinzipiell jederzeit. Die Hauptsaison, in der alles geöffnet ist, beginnt im Mai und endet im Oktober.

Wichtiges

Bei einstündigen Bootstouren kann man mit etwas Glück Delfine oder Wale sehen. www.westernislescruises.co.uk/cruises/one-hour-wildlife-cruise. Der Jacobite Steam Train fährt auf unbestimmte Zeit nicht mit den originalen Waggons.

Ein Inselort wie aus dem Bilderbuch: Die bunte Welt einer Fernsehstadt.

„What's the story in Balamory
Wouldn't you like to know?"

Wer Anfang 2000 Kind in Großbritannien war, hat bei diesen Zeilen sofort eine Melodie im Kopf und eine farbenfrohe Stadt vor Augen: „Balamory" war eine Fernsehserie, in der nicht nur die acht Charaktere im Mittelpunkt standen, sondern auch ihre bunten Häuser. Die Serie wurde größtenteils in Tobermory gedreht, der Hauptstadt der Insel Mull, und die ist genauso idyllisch wie die fiktive Stadt Balamory.

Live-Musik, heilige Scones & Fish and Chips
Als eine der schönsten Hafenstädte in Schottland entfaltet Tobermory nicht nur in der lebhaften Hauptsaison ihren Zauber, sondern auch im Herbst, wenn die Aktivitäten von draußen in die gemütlichen Pubs, Cafés und Restaurants verlagert werden. Das zweistöckige Restaurant Macgochans ist die Top-Adresse für Fans von Live-Musik, schottischer Küche und lokalen Spirituosen – natürlich auch im Sommer, wenn man seinen Cocktail auf der Terrasse mit Meerblick genießt. Im The Gallery Restaurant werden eindrucksvolle Cream Tea, Kuchen und kleine Gerichte serviert – es befindet sich in dem ehemaligen neugotischen Kirchengebäude der Free Church. Wer die vielleicht besten Fish and Chips der Inneren Hebriden nicht verpassen möchte, sollte Tobermory zwischen Mitte März und Mitte Oktober besuchen, denn davor und danach macht der mehrfach preisgekrönte Fisherman's Pier Fresh Fish and Chips Pause.

Der ursprüngliche Charme bleibt vorhanden
Was man sonst noch alles in Tobermory machen kann? Einen Bummel durch die vielen kleinen Geschäfte des Städtchens. Bei Tackle and Books werden Angelbedarf und Bücher verkauft; im Mull Pottery Shop kann man die wunderschönen Töpferarbeiten des lokalen Künstlers Peter Walker erwerben.

Ein Besuch in Tobermory ist natürlich nicht vollständig ohne sich einen Whisky oder Gin aus einer der ältesten kommerziellen Brennereien Schottlands zu genehmigen: Besonders stilecht am gemütlichen Kamin der Mishnish Bar oder direkt in der Tobermory Distillery, die auch Führungen und Tastings anbietet.

Wo?

Tobermory, Insel Mull, Innere Hebriden. Von Oban mehrmals täglich per Fähre nach Craignure, von dort per Bus/Auto nach Tobermory. Macgochans: Ledaig Bldg.; The Gallery Restaurant: 37 Main St.

Wann?

Winter- und Sommerplan der Fähre sowie Check-in-Zeiten beachten.

Wichtiges

www.calmac.co.uk/deutsch

Im Rhythmus von Wind und Wellen: Die versteckte Meereshöhle.

Theodor Fontane als Reiseinfluencer zu bezeichnen, wäre grob unangemessen – seinem genialen Geist würde das nicht gerecht werden. Seine Reiseberichte jedoch sind legendär und in ihnen scheute der Schriftsteller, Journalist und Kritiker nicht davor zurück, seine eigene Meinung offen zu äußern. So erfahren wir, dass Italien ihn nicht sonderlich inspirierte, Schottland im Gegensatz dazu aber umso mehr. Vielleicht, weil er dort hin und wieder Parallelen zu seiner geliebten Heimat, der Mark Brandenburg erkannte? Die Eindrücke seiner Schottlandreise verewigte er in seinem literarischen Werk „Jenseits des Tweed".

Overtourism anno dazumal

Während seines Trips war er einer von hunderten Touristen, die im 19. Jahrhundert täglich die Fingal's Cave auf der Isle of Staffa besuchten. Die unbewohnte Felseninsel zählt zu den Inneren Hebriden und ist für die 85 Meter lange, von Basaltsäulen umgebene Höhle bekannt. Heute jedoch herrscht am einstigen touristischen Hotspot eine etwas ruhigere Atmosphäre.

Organisierte Bootstouren von den Inseln Mull und Iona sowie ab Oban und der Halbinsel Ardnamurchan führen Besucher zum Erkunden der Meereshöhle nach Staffa. Ein Erlebnis, das man sich auf keinen Fall entgehen lassen sollte, wenn man Urlaub an Schottlands Westküste macht.

Auf Höhlenexpedition

Man kommt sich wie ein wagemutiger Forscher vor, wenn man den langen, einen Meter breiten Weg ins Innere entlanggeht, vorbei an den sechseckigen Basaltsäulen. Entstanden sind die bizarren Formationen durch einen abkühlenden Lavastrom, denn Staffa ist vulkanischen Ursprungs.

Wenn der Wind durch die Säulen pfeift – und das tut er hier relativ oft – und gleichzeitig heftige Wellen dagegen peitschen, entsteht ein brachialer und zugleich melodischer Geräuschemix. Ein weiterer prominenter Besucher der Fingalhöhle, der Komponist Felix Mendelssohn Bartholdy, ließ sich davon zu seiner Hebriden-Ouvertüre inspirieren: Cello, Bratsche und Fagott imitieren den Wellengang – mal gemächlich und sanft, mal wild und dramatisch, dazwischen immer wieder das Donnern der Pauke.

Wo?

Die Isle of Staffa liegt etwa zehn Kilometer westlich der Isle of Mull.

Wann?

Die Bootstouren finden meist von Ende März bis Oktober statt.

Wichtiges

Während der Brutzeit (1. April bis 30. September) sollen keine Hunde mitgebracht werden. Bootstouren von www.staffatrips.co.uk und www.turusmara.com

Eine Insel mit viel Geschichte, dafür ohne Autolärm.

Wer ohne eigenes Auto mit der Fähre vom schottischen Festland auf die Insel Iona will, ist auf den Bus angewiesen, der einen vom Fährhafen Craignure nach Fionnphort fährt, wo wiederum die Passagierfähre nach Iona ablegt. Außerhalb der Saison kann dies bedeuten, dass man eine Weile in Craigsnure verweilen muss, da die Busfrequenz nicht allzu hoch ist. Vor Ort gibt es nicht viel zu sehen, daher versammeln sich die meisten, die auf die Weiterfahrt warten, in Arlene's Coffee Shop.

Reisezweck: Sinnsuche

An diesem Tag warte ich ebenfalls auf den Bus. Bei einer Tasse Tee komme ich mit Matt ins Gespräch, der mir schon auf der Fähre aufgefallen ist, da er aus der Menge der Funktionsjacken tragenden Touristen herausstach – ein echter Künstlertyp mit großem Rucksack und zerzausten Haaren.

Er kommt aus Australien und ist auf dem Weg nach Iona. Dort möchte er den gesamten Herbst und Winter verbringen, um Zeit mit seiner Freundin zu genießen, die eine Weile dort lebt. So erlebe ich zum ersten Mal diese besondere Anziehungskraft, die die winzige Hebrideninsel auf so viele Menschen auszuüben scheint.

Wiege des Christentums

Es heißt, dass die Insel im Jahr 563 n. Chr. von einem irischen Missionar namens St. Columba besiedelt wurde, der den christlichen Glauben nach Schottland brachte. Mönche und Pilger, Fischer, Bauern, Könige und Clanchefs: Sie alle sind im Laufe der Zeit auf die Insel gekommen und irgendwann auch wieder gegangen.

Bei einem Besuch auf Iona gehören die Iona Abbey mit ihrem Kreuzgang und die Ruine des Nonnenklosters unbedingt auf das Sightseeing-Programm. Bekannt ist die Insel aber auch für ihre schönen Strände sowie eine intakte Flora und Fauna. Besonders bemerkenswert ist die kleine Population an Wachtelkönigen, deren knarrender Ruf in der Paarungszeit oft stundenlang durch das Schilf hallt.

Viel mehr an Lärm gibt es auf Iona aber nicht. Es fahren dort keine Autos und dauerhaft leben dort nur etwa 150 Menschen – was umso mehr Raum für Ruhe und spirituelle Einkehr lässt.

Wo?

Isle of Iona PA76 6SQ, Äußere Hebriden. A849 ab Mull Richtung Süden bis zum Fährhafen von Fionnphort

Wann?

Ganzjährig

Wichtiges

Informationen zur Anreise unter www.isle-of-iona.net/information/#getting-to-iona

Suppe, Sandwich, Scottish Breakfast. Serviert mit einer Prise Nostalgie.

Die goldenen Zeiten des Eisenbahnverkehrs, als man sich schick machte, um im Speisewagen zu dinieren, sind den meisten von uns vermutlich nur noch durch Erzählungen, Fotos und Filme bekannt.

Für alle Nostalgiker gibt es in den schottischen Highlands die Lösung schlechthin: Das glamouröse Speisewagen-Gefühl kann man im Glenfinnan Station Dining Car aufleben lassen. Am gleichnamigen Bahnhof ist in einem Eisenbahnwaggon aus den 1950er-Jahren auch heute noch ein Restaurant untergebracht.

Nostalgie und Alltag

Das Dining Car ist Teil des direkt daneben gelegenen Glenfinnan Station Museum – ideal, um sich vor dem kulinarischen Vergnügen noch ein wenig Wissen anzueignen. In der kleinen Ausstellung – untergebracht im Bahnhofsgebäude – erfährt man allerlei Fakten und Geschichten über den spektakulären Glenfinnan-Viadukt, den Bau der Eisenbahnstrecke Glasgow-Mallaig sowie die Menschen, die daran beteiligt waren.

Zurück im Speisewagen wird das soeben Erlernte lebendig: Wenn man den Umstand ignoriert, dass dieser Waggon nicht rollt, sondern dauerhaft an der Station steht, könnte man glatt denken, dass man sich in vergangenen Zeiten befindet: Auf der Gepäckablage liegen Lederkoffer, an den Zugfenstern hängen Gardinen aus Klöppelspitze und die einladenden Sitze sind mit blauglänzendem Cord bezogen.

Reisen macht hungrig

Die angebotenen Speisen unterscheiden sich deutlich von dem, was man heutzutage im Bordrestaurant bekommt. Hier wird Tee aus ganzen Blättern aufgegossen, Kaffee frisch gemahlen, und neben den typisch britischen Kleinigkeiten wie Sandwiches, Scottish Breakfast und Cream Tea überrascht der Küchenchef immer wieder mit ausgefallenen Kreationen – eine erstaunliche Leistung angesichts der begrenzten Platzverhältnisse in der Bordküche.

Wem nach dem Frühstück oder Mittagessen nach einem Nickerchen zumute ist, der kann dies entweder bei der Weiterfahrt tun – oder gleich hierbleiben. Neben dem Dining Car befindet sich das Sleeping Car. Der historische Waggon wurde vom Museum zu einer Unterkunft für bis zu zehn Personen umgebaut.

Wo?

Station Rd, Glenfinnan PH37 4LT (direkt an der Bahnstation Glenfinnan)

Wann?

Dienstag bis Sonntag von 8.30 Uhr bis 17 Uhr. Sonntag und Montag Ruhetag

Wichtiges

Reservierung wird dringend empfohlen: www.glenfinnansta tionmuseum.co.uk

Der Blick vom Tal auf den Berg, wilder Wasserfall inklusive.

Jedem Ben sein Glen: Im Gälischen steht *ben* bzw. *beinn* für Berg, und wo ein Berg, da auch ein Tal. Der Ben Nevis ist mit einer Höhe von 1345 Metern der höchste Berg nicht nur Schottlands, sondern ganz Großbritanniens. Um ihn zu erklimmen, sollte man fit und alpinerfahren sein.

Filmreif

Man kann die Schönheit des Ben Nevis auch ohne anstrengenden Aufstieg genießen: Bei einer Rundwanderung im Glen Nevis, ein Tal, das von den hohen Bergen eingerahmt ist und in dem sich der Fluss Nevis malerisch seinen Weg bahnt.

Eine der schönsten Kurzwanderungen, die man in Schottland machen kann, führt von der engen Nevis-Schlucht zu den Steall Falls.

Obwohl die Strecke nur etwas über drei Kilometer lang ist, hat sie all das zu bieten, für das die dramatische Natur der Highlands steht: zerklüftete Felsen und beeindruckende Gipfel, uralte Wälder mit üppigen Baumbeständen und ein sich durch das Tal schlängelnder Fluss, der je nach Jahreszeit und Regenhäufigkeit gemächlich oder rauschend ist. Highland-Kitsch wie er schöner nicht sein könnte.

Davon hat irgendwann auch Hollywood Wind bekommen und den Ort als Kulisse genutzt: Für den Film *Braveheart* wurde hier ein ganzes mittelalterliches Dorf errichtet, *Rob Roy* ritt auf seinem Weg zu einem Schwertkampf durch das Tal und *Harry Potter* hat mit seinen Teamkollegen hier Quidditch gespielt.

(Be-)rauschend

Das absolute Highlight der Wanderung sind die rauschenden Steall Falls – mit einer Fallhöhe von 120 Metern der zweithöchste Wasserfall in Schottland. Entstanden ist er durch zwei verschiedene Gletscher, die während der schottischen Eiszeit vor mehr als 10.000 Jahren die Felswand erodierten.

Dass ein Ort von solch atemberaubender Schönheit, der vor allem noch so gut zugänglich ist – zum Start der Wanderung sind es von Fort William weniger als eine halbe Stunde mit dem Auto – längst kein Geheimtipp mehr ist, dürfte klar sein. Gerade im Sommer kann es hier sehr voll werden. Wie überall an Schottlands Hotspots gilt auch hier: Wer Menschenmengen lieber meidet, sollte entweder früh am Tag oder in der Nebensaison kommen.

Wo?

Glen Nevis, Fort William PH33 6SY

Wann?

Wenn es die Tage zuvor geregnet hat, ist der Wasserfall besonders tosend.

Wichtiges

Routenbeschreibung www.walkhighlands.co.uk/fortwilliam/steallfalls.shtml

Das Gefühl, es geschafft zu haben. Große Emotionen und platte Füße.

Er sitzt auf der Bank, das rechte Bein über das linke Knie geschlagen, während er seinen Fuß massiert. Sein Blick wirkt abwesend, als wäre er nicht ganz präsent, sondern gedanklich noch an dem Ort, von dem er gerade gekommen ist.

Angekommen

Er ist *The Man with Sore Feet* – der Mann mit den wunden Füßen, allerdings nicht aus Fleisch und Blut, sondern aus Bronze. Die vom schottischen Bildhauer David Annand geschaffene Statue befindet sich mitten in Fort William und markiert das Ende des West Highland Ways. Und damit erklärt sich auch, warum seine Füße schmerzen: Wer Schottlands längsten Wanderweg bewältigt hat, hat insgesamt etwa 192.000 Schritte getan.

Der Fernwanderweg beginnt in Milngavie, einem Vorort von Glasgow, und endet eher unspektakulär in der Fußgängerzone von Fort William, der „Outdoor-Hauptstadt Großbritanniens" in den westlichen schottischen Highlands. Dazwischen liegen 154 Kilometer unterschiedlichster Landschaft: entlang von Flüssen und Seen, durch Täler und Mückenschwärme, über Kuhweiden und Bergpässe, bis schließlich zum höchsten Gipfel des Vereinigten Königreichs, dem Ben Nevis.

Am Ende eines langen Weges

Der West Highland Way ist der bekannteste und beliebteste Fernwanderweg in Schottland. Jährlich nehmen bis zu 50.000 Menschen diese Strecke in Angriff, die meisten schaffen sie in einer guten Woche, aber man kann sich natürlich auch mehr Zeit lassen. Oder eben auch weniger: Paul Giblin, der aktuelle Rekordhalter des „West Highland Way Race", einem Trailrun-Wettbewerb, der seit den 1980er-Jahren stattfindet, hat die Strecke in 14 Stunden, 14 Minuten und 44 Sekunden bewältigt.

So gut wie jeder, der bisher noch nie ferngewandert ist und dann auf *The Man with Sore Feet* in Fort William trifft, wird vom Wanderfieber gepackt. An der Bronzestatue spielen sich regelmäßig hochemotionale Szenen ab, wenn sich die Wanderer zu ihr gesellen und stolz für Fotos posieren. Manche sprühen vor Energie, andere sind erschöpft, jedoch erfüllt von Endorphinen sowie dem Stolz, es geschafft und das Ziel erreicht zu haben – schmerzende Füße sind da einfach ein Teil des Gesamtpakets.

Wo?

Gordon Square, Fort William
PH33 6DX

Wann?

Der Mann mit den wunden Füßen sitzt zu jeder Tageszeit hier und wartet auf Wanderer, die ihm Gesellschaft leisten. Juni und September sind die besten Monate, um den West Highland Way zu laufen.

Wichtiges

www.westhighlandway.com

Paradies für Fischgourmets und Tor zu den Hebriden: Auf nach Oban!

Ob es einen Ort in Schottland gibt, der einen höheren Anteil an Fischrestaurants pro Einwohner aufweist als Oban? Eher unwahrscheinlich. Die Hafenstadt an der Westküste hat sich den Titel *Seafood Capital of Scotland* redlich verdient. Bereits in der Spätbronzezeit genoss man gerne die ein oder andere Meeresfrucht – zurückgelassene Muschelschalen, die in Höhlen entdeckt wurden, lassen darauf schließen.

Gordon Ramsay gefällt das

Während die Fischerei-Industrie es im Laufe der Jahre nicht immer einfach hatte und heimische Fische immer seltener auf den Tellern landeten, erlebt Oban heute wieder einen regelrechten Fisch-Boom – bei Einheimischen wie Touristen, die im Sommer in Scharen hierherkommen, um ihren Appetit auf Fisch zu stillen. Auch der englische TV-Koch Gordon Ramsay hat sich bei Dreharbeiten zu einer seiner Sendungen unsterblich in die Küstenstadt verliebt.

Die Bandbreite an kulinarischen Auswahlmöglichkeiten ist enorm: Von der unprätentiösen Imbissbude Oban Seafood Hut direkt am Fährterminal über gehobene Restaurants wie das renommierte Ee-Usk bis hin zu preisgekrönten Fish and Chips Läden – der Oban Fish and Chip Shop in der Einkaufsstraße George Street zählt sogar zu den besten im gesamten Vereinigten Königreich.

Wenn es in Oban nicht nach Fisch und Meeresfrüchten duftet, dann bestimmt nach Torf und Malz: Der markante rostrote Schornstein der Oban Distillery ist schon von Weitem zu erkennen – die Whiskybrennerei gehört zu den ältesten in Schottland.

Ob Rom oder Oban, Hauptsache Schottland

Wenn man seinen Blick etwas weiter nach oben lenkt, meint man zunächst, seinen Augen nicht zu trauen: Das Kolosseum gehört doch zu Rom, oder etwa nicht? Tatsächlich handelt es sich bei dem einem Amphitheater ähnlichen Bau, der nachts bunt beleuchtet wird, um den McCaig's Tower. 1897 wurde er von einem ortsansässigen Bankier erbaut, um den örtlichen Steinmetzen Arbeit zu verschaffen. Vom Zentrum sind es bis zum Turm zwischen dreißig Minuten bis zu einer Stunde Fußmarsch. Die Anstrengung wird mit einer spektakulären Aussicht über die Bucht von Oban bis zu den Inseln Kerrera, Lismore und Mull belohnt.

Wo?

Oban, PA34. Oban ist auch mit den Zügen der West Highland Line zu erreichen.

Wann?

Hauptsaison ist von Mai bis August.

Wichtiges

Der Calmac-Fährhafen befindet sich direkt neben dem Bahnhof. Von hier aus fahren die Fähren zu den Inseln der Umgebung sowie zu den Inneren und Äußeren Hebriden. www.calmac.co.uk

Ein vergessener Ort: Wo die Grabsteine Geschichten erzählen.

Historic Kilbride, drei Meilen südlich von Oban in Lerags gelegen, spielte eine bedeutende Rolle in der Geschichte Schottlands und ist mit Persönlichkeiten wie Robert Bruce, Alexander II. und dem Clan MacDougall verbunden, einst eine der mächtigsten Familien in Westschottland. Von der ehemaligen Kirche sind heute nur noch die Überreste und der Friedhof erhalten.

Fast unbekannt

Wer nun meint, dass dieser Ort von außergewöhnlicher Bedeutung eine überlaufene Touristenattraktion ist, die in jedem Reiseführer zu finden ist: Falsch gedacht. Historic Kilbride ist ein Kleinod, das fast in Vergessenheit geraten wäre. Wären da nicht die *Friends of Kilbride* – eine Vereinigung, die sich für die Bewahrung und Restaurierung dieses wertvollen Erbes einsetzt.

Zwei Herzen schlugen, ach in seiner Brust

Jeder Grabstein erzählt seine eigene Geschichte. Die von „Johnie of the Two Hearts" zum Beispiel. Als junger Mann überlebte dieser einen Pistolenschuss und erlangte dadurch lokale Berühmtheit. Erst nach seinem Tod wurde entdeckt, dass er neben dem zerschossenen Herzen auch ein zweites, gesundes Herz hatte. Auf seinem Grabstein sind zwei Herzen, eine Pistole und ein Schutzengel abgebildet.

Während man über den Friedhof schlendert und die Grabsteine studiert, enthüllen sich viele Inschriften und Symbole, die Einblick in das Leben derer geben, die hier ihre letzte Ruhe gefunden haben. Ob mächtige Clan-Chefs oder ganz normale Menschen: Auf dem Historic Kilbride Graveyard wird niemand vergessen.

Dass diese Schicksale heute wieder erzählt werden können, liegt an Menschen wie Liam Griffin. Als er und seine Frau Myra vor vielen Jahren das Nachbargrundstück von Kilbride erwarben, wurde sein Interesse für diesen besonderen, damals vernachlässigten Ort geweckt. Nach ausführlichen Recherchen wurde ihm klar: Diese Stätte muss gerettet werden. Mit unermüdlichem Einsatz sorgen er und die *Friends* seitdem dafür, ausreichend Spenden zu sammeln und möglichst vielen Besuchern diesen für die Geschichte Schottlands so bedeutsamen Ort näherzubringen.

Wo?
An Tobar Lerags by,
Oban PA34 4SE

Wann?
Jederzeit begehbar

Wichtiges
Infos sowie eine digitale Tour gibt es hier: www.friendsofkilbride.scot

Atlantiküberquerung in weniger als einer Minute: Die Brücke zur Insel Seil.

Eigentlich heißt sie ja Clachan Bridge, aber keiner nennt sie so. Die historische Brücke hat von den Einheimischen einen ganz anderen Namen verpasst bekommen – und zwar keinen geringeren als *The Bridge over the Atlantic*. Ein Name, der imposant klingt, bedenkt man, dass die längste Meeresbrücke der Welt in China über 36 Kilometer lang ist.

Der Ozean so nah

Umso überraschender, wenn man die Steinbogenbrücke mit eigenen Augen sieht: Sie erstreckt sich lediglich über eine bescheidene Länge von 22 Metern. Dennoch rechtfertigt sie ihren Namen – mit einem Augenzwinkern. Sie überspannt eine Meerenge, die über den Firth of Lorn direkt mit dem Atlantischen Ozean verbunden ist.

Beim Überqueren der Brücke, die zwischen 1792 und 1793 errichtet wurde, sollte man sich im Auto behutsam nähern. Die bogenförmige Struktur lässt nur unklar erkennen, ob sich Gegenverkehr nähert – auf dieser schmalen Brücke ist jeweils nur Platz für ein einziges Auto.

Einmal auf der anderen Seite angekommen, fällt einem sofort das Tigh an Truish Inn ins Auge – das „Haus der Hosen“. Der gälische Name des Gasthauses erinnert an vergangene Zeiten: Nach dem Jakobitenaufstand – als die britische Regierung versuchte, die gälische Kultur zu unterdrücken, indem sie neben Tartan und Dudelsäcken auch das Tragen von Schottenröcken verbot – zogen Inselbewohner, die zur Arbeit auf das Festland fuhren, hier ihre Hosen an – und wechselten zum Feierabend wieder in ihre gewohnten Kilts.

Idyllischer Rückzugsort

Die nur gut 13 Quadratkilometer große Insel Seil ist noch für einige andere Dinge bekannt: vom ummauerten Garten *An Cala* über den 9-Loch-Golfplatz in Balvicar bis zu den charmanten weißen Fischerhäusern von Ellenabeich, die sich vor dem dunklen Klippenmassiv abheben. In einem der Cottages ist das Scottish Slate Islands Heritage Centre beheimatet, das das Leben und den Alltag rund um die Schieferinsel dokumentiert.

Eine prominente Bewohnerin, Frances Shand Kydd, verbrachte ihre letzten Lebensjahre auf Seil. Die Mutter von Prinzessin Diana ließ sich nach ihrer Scheidung mit ihrem zweiten Mann auf der Insel nieder und fand hier Zuflucht vor der Boulevardpresse und Öffentlichkeit.

Wo?

Clachan-Seil PA34 4T

Wann?

Die Clachan Bridge ist die einzige Verbindung zwischen dem schottischen Festland und Seil und zu jeder Zeit passierbar.

Wichtiges

In Ellenabeich befindet sich auch der Abfahrtsort für die Überfahrt zur Isle of Easdale (Soul Place 19).

Die hüpfenden Steine von Easdale und andere Inselgeschichten.

170 Meter. Das ist die längste Distanz, die ein Stein bei der letzten Weltmeisterschaft im Steinehüpfen zurückgelegt hat. Die *Skimming Stone World Championship* findet jährlich im September auf der Insel Easdale statt, und damit ein Wurf auch gewertet wird, gelten eine Vielzahl von Regeln. Eine davon legt fest, dass die benutzten Steine nur aus natürlichem Easdale-Schiefer bestehen dürfen. Diesen zu besorgen ist ein Leichtes, schließlich war die Insel einst das Zentrum der schottischen Schieferindustrie.

Eine Schubkarre als Must-Have

Eilean Èisdeal, wie die Insel auf Gälisch heißt, ist die kleinste der dauerhaft bewohnten Inseln der Inneren Hebriden. 60 Menschen leben hier permanent, ungefähr weitere 60 besitzen ein Häuschen und kommen von Zeit zu Zeit, um die Ruhe zu genießen: Auf Easdale gibt es keine Autos, keine Straßen, keinen Lärm. Ein typischer Anblick sind die bunten Schubkarren: Damit transportieren die Einheimischen ihre Einkäufe vom Festland auf die Insel. Um nach Easdale zu gelangen, nimmt man die Passagierfähre, die von der Nachbarinsel Seil aus mehrmals täglich ablegt. Knapp fünf Minuten dauert die Überfahrt, die ein Erlebnis für sich ist.

Im Glück schwimmen

Bei der Inselumrundung läuft man an weißen Cottages und stillgelegten Schiefersteinbrüchen vorbei. Vom höchsten Punkt, einem Hügel in der Inselmitte, hat man an klaren Tagen einen Ausblick über Insh Island bis zur Küste der Isle of Mull.

Als wäre das alles nicht schon genug an Schönheit, gibt es auch noch einen Naturpool: Ein ehemaliger Steinbruch, der mit Wasser aufgefüllt wurde. Auch wenn die Temparaturen im Sommer selten die 20 °C überschreiten: Es lohnt sich auf jeden Fall, in das kühle Nass zu springen und sich zu erfrischen.

Wer anschließend noch Zeit hat bis zur nächsten Fähre: Der Besuch im kleinen Easdale Folk Museum lohnt sich, ebenfalls die Einkehr im The Puffer. Im einzigen Lokal der Insel gibt es neben Suppe, Burgern und Kuchen auch den neuesten Inselklatsch und -tratsch.

Wo?

Isle of Easdale, Argyll & Bute. Erreichbar ab Ellenabeich/Isle of Seil per Ruf-Fähre, Informationen im Fährhäuschen am Ableger.

Wann?

Ganzjähriges Reiseziel, Winter- und Sommerzeitplan für die Fähre beachten

Wichtiges

Information Fähre: www.argyll-bute.gov.uk/roads-and-travel/public-transport/timetables-directory/timetable/ellenabeich-easdale-ferry.
Talentiert im Steinehüpfen? Hier geht's zur Anmeldung: www.stoneskimming.com

Wild, wunderbar und so gut wie unbekannt: Der Zauber von Luing.

Zu behaupten, dass in den Gewässern vor der Isle of Luing mehr Otter leben als Menschen auf der Insel, wäre eine maßlose Übertreibung. Tatsächlich ist aber die Bevölkerung seit der Mitte des 20. Jahrhunderts deutlich zurückgegangen, während sich die Tierwelt prächtig entwickelt hat.

Familienbande

Wie auch Easdale ist Luing eine von mehreren *Slate Islands*, die durch den Abbau von Schiefer ihre Blüte erlebten, bis die Produktion nach dem Zweiten Weltkrieg auf das Festland verlegt wurde. Die Steinbrüche wurden überflutet, die Menschen gingen.

Bis auf ein paar, die hier geblieben – oder neu dazugekommen sind. Von den etwa 200 Inselbewohnern, die derzeit auf der Insel leben, arbeiten einige für die Familie Cadzow, die seit drei Generationen auf Luing ansässig ist. Sie hat die lokale Wirtschaft bis heute maßgeblich beeinflusst.

Das sieht man schon bei der Ankunft auf der 14 Quadratkilometer großen Insel: Sanftmütige, rote Rinder grasen unbeeindruckt auf den Weiden. Die Rasse Luing wurde 1947 von drei Cadzow-Brüdern gezüchtet. Sie sind widerstandsfähig und trotzen auch den widrigsten Wetterbedingungen.

Abenteuer de luxe

Vor zwei Jahren hat die junge Generation der Cadzows – Jack, Emily und Archie – unter dem Namen „WildLuing" etwas geschaffen, das sich so perfekt in die Landschaft der Insel einfügt, dass es wirkt, als wäre es schon immer hier gewesen: ein Ensemble von acht luxuriösen *WildSuites* für Selbstversorger, die von der Familie Cadzow mit Hilfe von lokalen Handwerkern gebaut und gestaltet wurden.

Von ihnen hat man einen unverstellten Blick auf die raue Schönheit des Firth of Lorn. Hier fühlen sich nicht nur die Otter pudelwohl: Auch Robben, Delfine und sogar Schweinswale kann man sehen, ohne sich auch nur vom Esstisch erheben zu müssen.

So verlockend der Müßiggang auch klingen mag, sollte man dennoch dem Ruf des Abenteuers folgen. Das WildLuing-Team organisiert für seine Gäste auf Wunsch auch Bootsausflüge und Aktivitäten wie Kajakfahren, Schnorcheln und Tauchen.

Wo?

South Cuan, Isle of Luing, Oban PA34 4TU. Fähre ab der Isle of Seil, Fährzeiten: https://cuanferry.argyll-bute.gov.uk

Wann?

Die Insel kann man immer besuchen, die WildSuites sind ganzjährig buchbar.

Wichtiges

www.wildluing.com

»Hier fühlen sich nicht nur die Otter pudelwohl: Auch Robben, Delfine und sogar Schweinswale kann man sehen, ohne sich auch nur vom Esstisch erheben zu müssen.«

ISLE OF LUING, WILDLUING

Geist im Glas oder Geist im Pub? Ein spukhaftes Trinkvergnügen.

Ein Blick auf die Website des Drovers Inn und alles scheint vertraut – „Unsere Zimmer“, „Unsere Bar“, „Unser Essen“. Wäre da nicht eine weitere Kategorie – zwei kleine Worte, die beim Lesen bereits Gänsehaut verursachen: „Unsere Geister“. Und nein, hier ist nicht die Rede von Spirituosen (die gibt's in der Bar natürlich auch), sondern tatsächlich von übernatürlichen Wesen.

Gänsehaut-Geschichten

Das Gasthaus, idyllisch gelegen oberhalb des nördlichsten Zipfels von Loch Lomond, gilt als einer der spukhaftesten Orte in Großbritannien und ist stolz darauf. Im Jahr 1705 öffnete das Drovers Inn zum ersten Mal seine Türen und schon bald darauf entwickelten sich tragische Ereignisse.

Die Geschichten sind herzzerreißend – weiterlesen nur für Hartgesottene: Eine Familie erfriert auf dem Weg zum Gasthaus in einem Schneesturm, ein junger Viehtreiber muss bitterlich für den Verlust der Kühe büßen und ein Mädchen ertrinkt im eisigen Fluss, als es versucht, seine Puppe am Davonschwimmen zu hindern. Seitdem, so sagt man, wird das Drovers Inn von ihren Geistern heimgesucht. Auch Gäste der heutigen Zeit erzählen von Erscheinungen, die sie sich nicht erklären können: nächtlich herumtanzende Lichtwesen auf Zimmer 6, ein Mädchen, das auf einem Handyfoto erscheint, obwohl keiner es in echt gesehen hat ...

Geistreicher Gag

Beim Betreten des Pubs ist von diesem Spuk nichts zu spüren – das geht auch gar nicht, denn man ist von der visuellen Reizüberflutung im positiven Sinne überwältigt: Ein lebensgroßer Bär begrüßt Besucher an der Tür, Geweihe und ausgestopfte Raubvögel schmücken die Wände, ein Feuer flackert im Kamin und mit etwas Glück spielt gerade eine Band.

Auf der Speisekarte stehen klassische Gerichte der schottischen Küche wie *Haggis, Neeps* und *Tatties,* Fish and Chips sowie *Steak Pie.* Sowie eine Anekdote, die ebenso wenig nachzuprüfen ist wie die Schauermärchen und die zugleich ein typisches Beispiel für schottischen Humor ist, bei dem man gerne über sich selbst lacht: Das Drovers Inn rühmt sich damit, im Jahr 1705 als bester Pub ausgezeichnet worden zu sein.

Wo?

North Loch Lomond, Inverarnan
G83 7DX

Wann?

Öffnungszeiten variieren, aktuelle Infos auf der Website www.droversinn.co.uk

Wichtiges

Für ganz Unerschrockene, die die Geister am eigenen Leib erfahren möchten: Im Drovers Inn kann man auch übernachten.

Das vielleicht hübscheste Dorf in Schottland und ein legendärer See.

Das Dörfchen Luss stellt sein Licht nicht unter den Scheffel: Ein Schild mit dem stolzen Titel „Schottlands schönstes Dorf" begrüßt Besucher auf dem Weg zum Ortskern. Bereits der Weg dorthin durch die westlichen Highlands ist eine einzige Augenweide.

Rote Rosen auf Schottisch

Nach Verlassen der A82 muss das Auto vor dem Dorfeingang geparkt werden – denn Luss ist ein *conservation village,* was bedeutet, dass keine Autos erlaubt sind. Dass man sich hier fast wie in einer Vorabendserie vorkommt, ist kein Zufall: Viele Schotten kennen Luss noch als Schauplatz für die beliebte Seifenoper „High Road".

Die originalgetreu restaurierten Cottages aus Schiefer- und Sandstein, einst Unterkünfte für Arbeiter aus den Schiefersteinbrüchen, sind im Frühling und Sommer mit Blumen in allen Farben geschmückt. Im Herbst und Winter verleiht das Grau, kombiniert mit Raureif auf den Dächern, dem Ort eine besonders mystische Stimmung. In einem dieser Steinhäuser befindet sich The Village Rest, ein gemütlicher Pub, der nicht nur ein schmackhaftes Scottish Breakfast serviert, sondern auch den neuesten Dorfklatsch. Der General Store ist kein Gemischtwarenladen (mehr), sondern verkauft hochwertige Souvenirs von lokalen Manufakturen wie Schals und Taschen aus Harris Tweed, handgegossene Kerzen sowie Schmuck und Accessoires für vierbeinige Begleiter. Das Coach House serviert seit einem Vierteljahrhundert Kaffee und frisch gebackene Kuchen.

Sehenswert ist auch die St. Kessog Church mit ihrem Friedhof und dem *Hogback of Luss* – ein Wikinger-Grabstein, der 1926 entdeckt wurde.

The Bonnie Banks of Loch Lomond

Die wahre Pfründe von Luss zeigt sich am Ende der Pier Road: seine Lage am Westufer des Loch Lomond. Großbritanniens größter Binnensee ist die natürliche Barriere zwischen den Lowlands und den Highlands und zugleich Nationalheiligtum der Schotten. Die Hymne *The Bonnie Banks of Scotland* wird von Rugby- wie Fußballfans mit voller Inbrunst gesungen, und die Folk-Rock-Band Runrig erstellte dem See mit ihrer Interpretation ein Denkmal.

Wo?

Luss, Alexandria G83 8NY (direkt an der A82, 14 km nördlich von Balloch und ca. 16 km südlich von Tarbet)

Wann?

Besonders schön (aber auch besonders gut besucht) ist es im Sommer, wenn es blüht. Im Winter teilweise eingeschränkte Angebote und Öffnungszeiten.

Wichtiges

Wer Zeit hat, kann Loch Lomond näher erkunden: Vom Pier aus starten Bootstouren.
Wer länger bleiben will: Gut übernachten kann man im Loch Lomond Arms Hotel: www.lochlomondarmshotel.com

Warum Zucker nicht nur süß ist: Ein Wrack als Zeuge.

Lyle – ein Name, den im Vereinigten Königreich jeder kennt, da er in goldenen Lettern auf einem der berühmtesten Lebensmittel prangt: dem Invertzuckersirup *Golden Syrup,* der seit jeher die Porridges der Nation versüßt.

Seit 2006 steht *Lyle's Golden Syrup* im Guinness-Buch der Rekorde als die älteste (da seit 1885 im Aussehen unveränderte) Markenverpackung der Welt.

Aufschwung und Niedergang

Einen nicht unwesentlichen Anteil daran hatte der Raffineriebesitzer Abraham Lyle aus Greenock, einer Stadt am Meeresarm Firth of Clyde, etwa 40 Kilometer westlich von Glasgow. Lyle war überzeugt, dass der Sirup, der als Nebenprodukt der Zuckerraffination entstand, für den menschlichen Verzehr geeignet sei. Vorher wurde er nämlich an Schweine verfüttert. Über 200 Jahre lang prägte Greenock die Zuckerindustrie. Die Sklavenkolonien in Westindien sicherten die Zuckerversorgung, und durch die imperialistische Expansion entwickelte sich der Zuckerhandel zu einem globalen Geschäft.

Der Wohlstand ging langsam, aber stetig zurück, als der Fluss vertieft wurde, um ihn bis Glasgow schiffbar zu machen. Ab diesem Zeitpunkt ließen viele Schiffe Greenock im wahrsten Sinne des Wortes links liegen und fuhren direkt weiter.

Schottlands Titanic

Ein Relikt vergangener Zeiten liegt heute noch im Wasser vor Greenock: Der stählerne Rumpf eines Zuckerschiffs. Die MV Captayannis war ein mit Zucker aus Portugiesisch-Ostafrika beladenes Schiff, dessen Ladung für die Raffinerie von Tate & Lyle bestimmt war.

Die Kollision mit den Ankerketten eines Öltankers während eines gewaltigen Sturms im Jahr 1974 führte zu einem Loch im Rumpf. Als das Wasser eindrang, steuerte der Kapitän die nahe gelegene Sandbank an. Die Crew konnte gerettet werden, doch für das Zuckerschiff kam jede Hilfe zu spät. Seitdem ragt die MV Captayannis in einem markanten 90-Grad-Winkel aus dem Wasser und hat im Laufe der Jahre eine Vielfalt von Vögeln und Meerestieren angezogen, die sich hier niedergelassen haben.

Wie das Zuckerschiff nach 50 Jahren im Wasser heute aussieht, kann man bei einer Bootstour nah ans Wrack erleben.

Wo?

Greenock, PA15 2UA

Wann?

Touren variieren saisonal, Infos bei den jeweiligen Anbietern.

Wichtiges

Touren zum Wrack ab Greenock: www.clydecharters.com; ab Helensburgh: www.boattripshb.com

Buchhändlerin auf Zeit in der offiziellen Book Town.

Good Morning, Heidi – Good Morning, Val! Heidi hängt das „geöffnet"-Schild am Buchladen an die Tür, und die Betreiberin Val des Cafés gegenüber winkt ihr zu. Später wird Heidi kurz Pause im Café Rendezvous machen und von Christine sofort einen Kaffee bekommen, ohne dass sie explizit erwähnen muss, was sie trinken möchte.

Als wäre es schon immer so gewesen

Wie das eben bei Stammkundinnen so ist, mit dem kleinen Unterschied, dass sich die Frauen nicht schon seit Jahren, sondern erst seit ein paar Tagen kennen. Gemeinsam mit ihrem Mann Jochen ist Heidi für eine Woche lang Buchhändlerin – in *The Open Book,* ein Buchladen, den man mitsamt Unterkunft mieten kann.

Im wirklichen Leben ist Jochen Filmproduzent, Heidi Soziologin. Die Woche im Open Book war ein Weihnachtsgeschenk von Jochen an seine buchaffine Frau. Über zwei Jahre im Voraus hat er gebucht, und hatte Glück: Der besondere Buchladen ist selten verfügbar und hat eine lange Warteliste.

Teil der Community

Wigtown auf der Halbinsel The Machars in Dumfries and Galloway ist seit 1998 Schottlands offizielle *Book Town* mit insgesamt 13 Buchhandlungen, die gebrauchte Bücher verkaufen. Konkurrenz gibt es untereinander nicht, man unterstützt sich gegenseitig und freut sich über den Aufschwung durch Wigtowns Spezialisierung.

Bekannt ist Wigtown auch für sein *Book Festival,* das jährlich im Herbst über zehn Tage lang stattfindet und über 13.000 Besucher anzieht. Daneben gibt es noch viele kleine Besonderheiten, wie die *Book Shop Band,* die Songs über – nun, worüber wohl – Bücher schreibt.

Neben dem Traum, einmal im Leben eine kleine Buchhandlung zu betreiben (der Film „Notting Hill" lässt grüßen), ist es vor allem das Gemeinschaftsgefühl, das diesen Urlaub unvergesslich macht. „Man wird sofort von den Einwohnern adoptiert. Die Menschen kommen rein und verbringen Zeit mit uns", schwärmt Heidi. Sie wurden zum *Burns Supper* eingeladen, haben Geheimtipps für die Region erhalten, und eine ältere Dame hat ihnen sogar ihr heiliges *Shortbread*-Rezept verraten. Und was kommt nach dem Bookshop? Für Heidi und Jochen ist das keine Frage: „Wir kommen wieder nach Wigtown".

Wo?
2 High St, Wigtown, Newton Stewart DG8 9HQ

Wann?
Geöffnet Montag bis Freitag von 9 bis 17 Uhr, Samstag von 11 bis 15 Uhr. Sonntag geschlossen

Wichtiges
www.wigtownbookfestival.com

Schottland für Fortgeschrittene: die unterschätzten Scottish Borders.

Auf einer Länge von 27 Kilometern bildet der insgesamt 156 Kilometer lange River Tweed eine natürliche Grenze zwischen England und Schottland. Der Fluss verläuft hauptsächlich durch die Scottish Borders.

Reiseromantik

Zugegeben, die Borders können nicht mit den dramatischen Landschaften der Highlands konkurrieren. Der Reiz liegt anderswo: in mittelalterlichen Städten wie Kelso, die der schottische Dichter und Schriftsteller Sir Walter Scott einst als den romantischsten Ort Schottlands beschrieb. In lebendigen Traditionen wie dem Reitspektakel *Common Ridings,* das in elf verschiedenen Städten der Region stattfindet. Und in architektonischen Schätzen wie der beeindruckenden Klosterruine der Melrose Abbey oder dem Traquair House, in dem seit über 900 Jahren Menschen leben und das somit als eines der ältesten durchgehend bewohnten Häuser in Schottland gilt.

Authentisch und unaufgeregt

Abseits der historischen Orte lohnt es sich aber vor allem wegen der Natur, die Borders zu besuchen. Die sanften Hügel und der River Tweed, der mit seinem Nebenfluss Ettrick Water zwei Täler formt, laden ein zum Wandern, Kanufahren, Vögelbeobachten oder Angeln.

Ein besonderes Spektakel vollzieht sich jedes Jahr Ende Oktober bis Anfang März, wenn Lachse vom Meer zurück in ihren Geburtsfluss Ettrick schwimmen, um zu ihrem Laichplatz zu gelangen. Im direkt am Fluss gelegenen Philiphaugh Salmon Viewing Centre werden Besucher auf eine Reise durch die verschiedenen Lebensstadien eines Lachses mitgenommen. Live-Unterwasseraufnahmen zeigen außerdem Aale und andere Bewohner des Flusses.

Die Borders sind auch für ihre kulinarischen Köstlichkeiten bekannt, darunter das berühmte *Selkirk Bannock.* Das buttrige Hefegebäck erregte königliche Aufmerksamkeit, als Sir Walter Scott es Queen Victoria servierte und sie anschließend einen regelrechten Hype darum auslöste. Heute kann man das süße Teilchen zum Afternoon Tea oder bei ausgewählten Bäckereien wie Alex Dalgetty & Sons in Galashiels genießen.

Wo?

Rund um Selkirk TD7 5LX;
Alex Dalgetty & Sons: 6 Bank St, Galashiels TD1 1EN

Wann?

Die *Common Ridings* finden zwischen Mai und September statt.

Wichtiges

www.gotweedvalley.co.uk

Glasgows grüne Lunge. Den Duft von Kiefern und Orchideen einatmen.

Keine Stadt in Schottland ist lauter als Glasgow. Bei einer Statistik aus dem Jahr 2020 über die meisten Lärmbeschwerden fand sich Glasgow großbritannienweit auf dem zweiten Platz wieder, nur knapp hinter dem noch lauteren englischen Leeds.

Alt wie ein Baum

Glasgow vibriert, ist voller Kreativität und Umtriebigkeit. Manchmal kann das überwältigend sein. Wer einmal um die Mittagszeit durch die Einkaufsstraße Buchanan Street gelaufen ist, weiß, wovon die Rede ist: Menschen, Straßenmusiker, Renovierungsarbeiten, die typische Hektik einer Metropole eben.

Für eine Pause im Grünen eignet sich dann kaum ein anderer Ort so gut wie die Botanischen Gärten. Der 15 Hektar große Park in Glasgows West End ist der ideale Rückzugsort für gestresste Großstädter. Aufgrund des gemäßigten Klimas fühlt sich hier die Korsische Kiefer genauso wohl wie die Himalaya-Birke oder die Andentanne. Die seltenen, prächtigen oder besonders alten Exemplare können entlang des Tree Trails erkundet werden.

Ein Palast für alle

Das Herz des Gartens ist der Kibble Palace, ein viktorianisches Gewächshaus aus Stahl, Gusseisen und Glas. Es beherbergt die nationale Sammlung von Baumfarnen und ist vermutlich eines der meist fotografierten Gebäude in Glasgow. Zwischen dem Grün lugen mythologische und biblische Skulpturen hervor, wie die verführerische Eva oder der muskelbepackte Kain.

In weiteren Glashäusern wachsen Pflanzen aus Regenwäldern und aus der Wüste – ideal für trübe Tage: Hier ist es warm und farbenfroh, es duftet nach Orchideen und anderen exotischen Pflanzen. Wenn wiederum die Sonne scheint, kann es in den Botanischen Gärten recht voll werden. Wer auch dann seine Ruhe haben möchte, geht einfach an den nördlichen Rand des Gartens und einen kleinen Hügel hinab. Entlang des River Kelvin erstreckt sich der Kelvin Walkway, ein Wanderpfad, der vom Kelvingrove Park bis hin nach Milngavie verläuft. Falls der Name bekannt vorkommt: Von hier aus beginnt der West Highland Way, ein legendärer Fernwanderweg Schottlands, der sich über 154 Kilometer bis nach Fort William in den Highlands erstreckt.

Wo?

730 Great Western Rd, Glasgow G12 0UE. Die U-Bahn-Station Hillhead and Kelvinbridge ist nur wenige Gehminuten entfernt.

Wann?

Zugang zu den Botanischen Gärten: Ab 7 Uhr bis zum Sonnenuntergang. Die Gewächshäuser sind im Sommer von 10 bis 18 Uhr geöffnet, im Winter schließen sie um 16.15 Uhr.

Wichtiges

Der Eintritt ist frei. Innerhalb des Botanischen Gartens gibt es einen Tea Room, der Suppen, Sandwiches, Salate sowie Kaffee, Tee und Kuchen serviert. Geöffnet täglich von 11 bis 17 Uhr

Sich mit kreativer Energie aufladen in Glasgows trendigstem Stadtteil.

„Ich habe sowohl in London als auch in Glasgow gelebt, und nirgendwo sonst auf der Welt habe ich das Gefühl, das Glasgow mir gibt. Also ja, ich fühle mich sehr glücklich, von dort zu kommen und dort zu leben."

Das vom schottischen Singer-Songwriter und Superstar Lewis Capaldi beschriebene Gefühl, das aus obigem Zitat spricht, zeigt sich besonders intensiv im Glasgower West End, das aus mehreren Vierteln besteht. Vieles, was dazu geführt hat, dass Glasgow vom Coolness-Faktor weit über Edinburgh steht und auch in europäischen Ranglisten immer wieder als „hippes Reiseziel" aufgeführt wird, befindet sich hier.

Himmel für Gourmets

Auf der pulsierenden Great Western Road trifft die Ruhe des Botanischen Gartens auf die Betriebsamkeit der vielen Cafés, Restaurants, Second-Hand-Shops, Bioläden und Weinhandlungen. Nur wenige Schritte abseits dieser Hauptstraße befindet man sich plötzlich in einer anderen Welt: In der gepflasterten Ashton Lane fühlt man sich beinahe wie in einer Kleinstadt. Hier treffen Anwohner, Studenten und Touristen zusammen, um zu trinken und zu essen. Im kultigen Ubiquitous Chip zum Beispiel, das seit den 1970er-Jahren typisch schottisches Essen serviert oder im belgischen Restaurant Brel, das als Tipp für die beste heiße Schokolade Glasgows gilt.

Zwischen Nostalgie und Innovation

Bereits seit einiger Zeit im Trend liegt das West-End-Viertel Finnieston inklusive seiner Hidden Lane: Eine Künstlergemeinschaft betreibt hier Ateliers und Galerien, es gibt Yogastudios, eine Töpferei, eine Bio-Brauerei und einen charmanten, versteckten Tearoom.

Erst seit Kurzem zählt auch das einstige Arbeiterviertel Partick, in dem der Fußballverein Partick Thistle seine Heimat hat, zu den angesagten Vierteln in Glasgow. Neben zahlreichen neuen Lokalitäten befindet sich hier das legendäre University Café, das seit 1918 existiert. Der berühmte, mittlerweile verstorbene Koch Anthony Bourdain hat in einer seiner TV-Sendungen die gesamte Speisekarte durchprobiert und konnte von den Fish and Chips nicht genug bekommen – er kehrte sogar ein zweites Mal zurück, um sie zu genießen.

Wo?

Im Westen von Glasgow, etwa 3 km vom Stadtzentrum entfernt. U-Bahn-Stopp Hillhead (Glasgow G12 8SH)

Wann?

Besonders schön im Sommer, wenn das Leben draußen stattfindet.

Wichtiges

Ein ausführlicher West-End-Guide ist hier zu finden: www.adecentcupoftea.de/glasgow-west-end

Ubiquitous Chip

»Eine Künstlergemeinschaft betreibt hier Ateliers und Galerien, es gibt Yogastudios, eine Töpferei, eine Bio-Brauerei und einen charmanten, versteckten Tearoom.«

Eine halbe Stunde Konzertgenuss. Vorbeikommen und zuhören.

Glasgow war die erste Stadt Großbritanniens, die den Status der UNESCO *City of Music* erhielt. Hier sind die Schottische Nationaloper, das Royal Scottish National Orchestra, das BBC Scottish Symphony Orchestra, das National Youth Orchestra of Scotland und das Scottish Ensemble zu Hause. Viele international erfolgreiche Bands, darunter die Simple Minds oder Travis, haben hier ihre Wurzeln. Kurzum: Ein Glasgow-Besuch ohne Musik ist nicht komplett.

Ein Instrument wie ein ganzes Orchester

Eine ganz besondere musikalische Erfahrung erwartet Besucher täglich in der Kelvingrove Art Gallery. Glasgows größtes Museum beherbergt nicht nur eine beeindruckende Kunst- und naturhistorische Kollektion, sondern auch eine Konzertpfeifenorgel – und diese wird täglich gespielt.

Nicht zu übersehen ist das prächtige Musikinstrument in der Eingangshalle des Museums, das vom führenden britischen Orgelbauer Lewis & Co. gebaut und installiert wurde. Die Orgel wurde ursprünglich im Rahmen der Glasgower Weltausstellung in Auftrag gegeben, die 1901 im Kelvingrove Park stattfand, und bildet seit deren Ende das Herzstück des Museums.

Die Vibrationen spüren

Vor Beginn des Konzerts füllt sich die Centre Hall nach und nach mit Musikfans. Andere, die eigentlich nur wegen eines Museumsbesuchs hier sind, wirken überrascht, wenn das Konzert plötzlich losgeht. Denn, und das ist ein wichtiger Teil des Konzepts, die Konzerte sind immer kostenlos und für alle frei zugänglich.

Der Klang von 2889 Orgelpfeifen in der hohen Eingangshalle, der von der gewölbten Decke bis auf den Marmorfußboden widerhallt, ist ein Erlebnis für alle Sinne. Diese Musik kann man nicht nur hören, sondern mit jeder Faser seines Körpers regelrecht spüren.

Anders als in Kirchen geht das Orgelspiel hier weniger sakral zu: Während sonntags eher klassische Stücke gespielt werden, wird es unter der Woche populärmusikalisch. Da kann es schon einmal vorkommen, dass die Titelmelodie von „Friends", David Bowies „Life on Mars" oder sogar „Highway to Hell" von AC/DC erklingt.

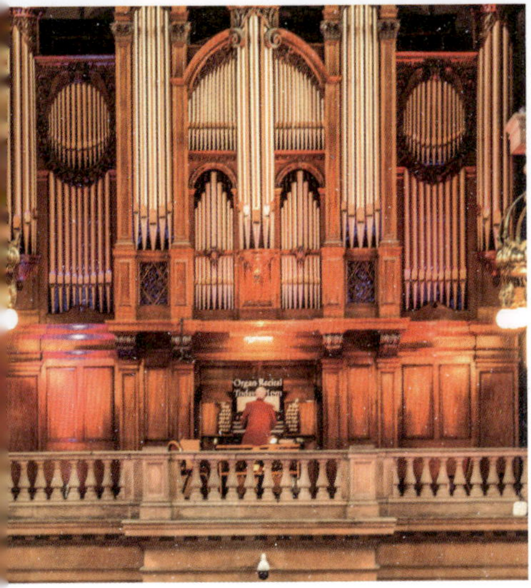

Wo?

Kelvingrove Art Gallery and Museum, Argyle St, Glasgow G3 8AG

Wann?

Montag bis Samstag um 13 Uhr, Sonntag um 15 Uhr

Wichtiges

Die Orgelkonzerte dauern jeweils eine halbe Stunde. Der Eintritt in das Museum sowie zu den Konzerten ist frei.

Nach über 100 Jahren endlich wieder Whisky aus Glasgow: Slàinte!

Etwa 150 aktive Whisky-Destillerien gibt es in Schottland, die älteste davon, Glenturret, ist schon fast 250 Jahre alt. Man könnte nun meinen, der Bedarf wäre gesättigt. Aber weit gefehlt – immer wieder entstehen neue Brennereien. Die Glasgower Clydeside Distillery wurde 2017 gegründet und zählt somit noch zu den Küken im Whisky-Business.

Tradition verpflichtet

Die Eröffnung der im ehemaligen Pumpenhaus des Queen's Docks untergebrachten Brennerei hat viel Aufsehen erregt – schließlich hat Glasgow eine langjährige Whiskytradition, die allerdings über ein Jahrhundert lang brach lag. Nach und nach verlagerte sich die Whiskyproduktion in Schottland in die Highlands und auf die Inseln. Schottlands größte Stadt und kein eigener Single Malt? Das kann doch nicht sein, dachten sich die Gründer Tim Morrison und sein Sohn Andrew.

Die Morrisons sind keine Unbekannten im Whisky-Kosmos, denn ihre Familie kann auf eine über ein Jahrhundert alte Geschichte in der Whiskyherstellung zurückblicken. Das Pumpenhaus erwies sich als der ideale Ort, und der anfangs aus rein logistischen Überlegungen getätigte Kauf entpuppte sich als Schicksalsfügung: Das Queen's Dock wurde einst von einem Vorfahren von Tim Morrison erbaut.

Von der Theorie zur Praxis

Diesen überraschenden *Plot Twist* – und noch viele Hintergrundinfos mehr – erfährt man bei der etwa einstündigen Führung, die fast täglich angeboten wird. Die Tour ist kurzweilig gehalten: Zuerst gibt es einen kleinen Film über die Geschichte der Docks, anschließend geht es direkt ins Allerheiligste, zu den *stills:* In den handgefertigten Kupferbrennblasen wird die Spirituose verdampft und anschließend kondensiert, wodurch der besondere Charakter des Clydeside-Whiskys eingefangen wird.

Bis zum Endprodukt sind es noch einige Schritte mehr – letztendlich bestimmt der *Master Blender,* wann der Whisky fertig ist. Wie das Endprodukt schmeckt, davon kann man sich am Schluss der Tour selbst überzeugen. Wem die Probierschlückchen im Tasting Room nicht ausreichen, der kann anschließend im Clydeside-Café weiter gustieren. *Slàinte mhath!*

Wo?

100 Stobcross Rd, Glasgow G3 8QQ

Wann?

Café und Shop täglich von 11 bis 17 Uhr, Führungen und Tastings mehrmals täglich nach Voranmeldung

Wichtiges

www.theclydeside.com

Miss Cranstons Gespür für Tee: Eine Tea Time, die man nicht vergisst.

Catherine Cranston war eine erfolgreiche Geschäftsfrau im 19. und 20. Jahrhundert. Sie eröffnete mehrere Tea Rooms in Glasgow, den ersten noch vor ihrem 30. Geburtstag. Miss Cranston hatte jedoch nicht nur einen Sinn fürs Business, sondern auch für das große Ganze: Ihr Anspruch an die Qualität der Zutaten, hygienisches Arbeiten und die Atmosphäre in den Gasträumen war kompromisslos.

Nur konsequent, dass sie für die Einrichtung ihrer Teestuben nur die Crème de la Crème verpflichtete: Eine langjährige Geschäftspartnerschaft bestand zwischen ihr und Charles Rennie Mackintosh mit seiner Frau Margaret Macdonald. Die Architekten und Designer waren bedeutende Figuren der britischen Arts & Craft Bewegung, die das Kunsthandwerk und die Architektur in der zweiten Hälfte des 19. Jahrhunderts reformierte.

Drei Etagen Geschmackserlebnis

120 Jahre nach den ersten Entwürfen sitze ich in der Sauchiehall Street Nr. 217, vor mir eine Tasse Earl Grey und eine Etagère, befüllt mit den Köstlichkeiten eines traditionellen Afternoon Tea: Auf der untersten Etage die *finger sandwiches* mit Gurke und Kresse, in der Mitte die Scones mit Clotted Cream und Erdbeermarmelade, oben feinste Patisserie.

Der Tea Room ist tot, es lebe der Tea Room!

Dass ich heute meine Tea Time dort genießen kann, wo Miss Cranston einst ihr Imperium startete, ist einer anderen erfolgreichen Geschäftsfrau zu verdanken: Cecilia Sinclair, ehemals Managerin im Immobiliengewerbe und Kunstliebhaberin, erwarb 2014 das Gebäude, um eine Zwangsversteigerung und das endgültige Ende des legendären Ortes zu verhindern. Unter der Ägide des *Willow Tea Rooms Trust* wurde das historische Gebäude, das zuvor mehrfach die Besitzer und Funktion wechselte, über vier Jahre lang behutsam restauriert.

1905 schrieb der Architekt Hermann Muthesisus in der deutschen Avant-Garde-Zeitschrift „Dekorative Kunst": „Heute kann jeder Besucher von Glasgow in Miss Cranston's Tea Rooms Leib und Seele ausruhen und für ein paar Pence Tee trinken, frühstücken und träumen, dass er im Märchenland ist." Wie schön, dass dieser Satz über 100 Jahre später wieder stimmt, auch wenn dieser Genuss mittlerweile mehr als nur ein paar Pence kostet.

Wo?
Mackintosh at the Willow:
215–217 Sauchiehall St, Glasgow
G2 3EX

Wann?
Täglich von 10 bis 17 Uhr

Wichtiges
Neben dem Tea Room gibt es einen Shop sowie eine Ausstellung. Zusätzlich kann man eine Tour buchen: www.mackintoshatthewillow.com/tour-exhibiton

Wo die Tamagotchis noch piepsen: ein Vintage-Paradies.

Wer Lust auf eine ruhige, entspannte Wochenendaktivität hat … sollte auf keinen Fall The Barras Market besuchen. Schottlands ältester, durchgehend geöffneter Markt in Glasgows East End ist eine einzige Reizüberflutung – und genau das macht ihn so anziehend.

Einmal alles, bitte

Es riecht nach einer Mischung aus frischen Bubble-Waffeln, chinesischen Biángbiáng-Nudeln, Räucherstäbchen und neapolitanischer Sauerteigpizza.

Das Piepsen von alten Tamagotchis wird vom Sound einer alten Schallplatte, die der Vinyl-Shop gerade aufgelegt hat, übertönt – nur um Sekunden später vom Schrammeln einer E-Gitarre abgelöst zu werden, die jemand gerade auf Herz und Nieren prüft.

Der Barras Market öffnete seine Tore erstmals im Jahr 1888 als bescheidenes Obstgeschäft, damals noch an einem anderen Ort. Seit 1921 befindet er sich nun in der London Road, und obwohl sich vieles geändert hat, ist manches gleich geblieben: Hier gibt es (fast) nichts, was es nicht gibt. Zugegeben, das Angebot an hochwertigen Gebrauchsgegenständen weicht mehr und mehr schnell produzierter Billigware, doch man findet hier immer noch die Kuriositäten und Schätze, für die der Markt berühmt geworden ist. Neben den regulären Händlern gibt es wechselnde Pop-Up-Stände von Glasgows reichhaltiger Kunsthandwerkszene. Besonders beliebt ist auch die *Sustainable Fashion Row* mit Secondhandkleidung.

Glasgow Calling

Innerhalb des Barras-Geländes befindet sich auch die legendäre Konzerthalle Barrowland Ballroom, einst von den McIvers gegründet, um dort die Weihnachtsfeiern für die Händler und deren Familien zu veranstalten.

Hier sind sie alle aufgetreten: David Bowie, The Clash, U2 und Oasis. Die Simple Minds haben hier das Musikvideo für ihre Single „Waterland" aufgenommen. Auch heute finden hier noch regelmäßig Konzerte statt.

Einen Fehler sollte man übrigens nicht machen: Sich als Fan des Fußballclubs Glasgow Rangers zu erkennen geben. Aufgrund seiner Lage an der Gallowgate, der Hauptdurchgangsstraße vom Stadtzentrum zum Celtic Park, gibt es in und um das Barrowland viele Pubs, in denen sich die Fans des Rivalen Celtic Glasgow treffen.

Wo?

244 Gallowgate, Glasgow G4 0TT

Wann?

Jeden Samstag und Sonntag von 10 bis 16 Uhr

Wichtiges

The Barras Market: www.barrasmarket.com; Konzerte in Barrowland Ballroom: www.barrowland-ballroom.co.uk

Sich nicht sattsehen können: Kunst für alle an Glasgows Hauswänden.

Das Wappen von Glasgow zeigt einen Fisch mit einem Ring im Mund, eine Glocke, ein Rotkehlchen und einen Eichenbaum. Diese Symbole repräsentieren die vier Wunder, die der heilige Mungo, Schutzpatron der Stadt, vollbracht haben soll. St. Mungo, der später der erste Bischof von Glasgow wird, ist an dem Ort begraben, an dem heute die ihm geweihte Kathedrale steht.

Kein Hipster ohne Bart

Dass manche von uns sich den Heiligen heute als lässigen Typen mit Hipsterbart und Wollmütze vorstellen, ist einem Australier zu verdanken. Der Street-Art-Künstler Smug hat eine zeitgemäße Version von St. Mungo porträtiert und ihm in einem riesigen Wandgemälde ein Denkmal gesetzt.

Die moderne Darstellung von Mungo ist eines von insgesamt 30 Kunstwerken auf dem Glasgow Mural Trail, der seit 2008 die Straßen verschönert. Öffentlich gefördert, sollten diese Gemälde Hauswände leerstehender Gebäude zieren und weniger attraktive Ecken der Stadt mit Hinguckern aufwerten.

So viel zu entdecken

Die Vielfalt der dargestellten Motive ist breit gefächert: Schwimmsportler bei den Commonwealth Games, ein Wandbild, das zu einer grüneren Energiezukunft für die nächste Generation aufruft, der visionäre Architekt Glasgows, Charles Rennie Mackintosh, Wissenschaftler bei der Arbeit, die Tiere des Waldes ... und der schottische Musiker und Komiker Sir Billy Connolly, der auf gleich drei verschiedenen Gemälden geehrt wird.

Der Glasgow Mural Trail ist ideal, um Schottlands größte Stadt mal aus einer ganz anderen Perspektive kennenzulernen. Manche der Kunstwerke begegnen einem so oder so, weil sie prominent gelegen sind, andere muss man ein wenig suchen. Wer alle Kunstwerke an einem Tag entdecken will, hat einiges zu tun – man sollte gut und gerne drei bis vier Stunden dafür einplanen. Alternativ sucht man sich anhand der Mural-Trail-Karte, die im Internet zu finden ist, einige Highlights heraus und plant ergänzend noch andere Sehenswürdigkeiten oder Café-Stopps.

Wo?

In und um das Stadtzentrum von Glasgow. Das St. Mungo Mural befindet sich unweit der St. Mungo's Cathedral (287 High St, Glasgow G4 0QS)

Wann?

Als Kunst im öffentlichen Raum sind die Murals jederzeit zu sehen.

Wichtiges

Alle Murals und die Trail-Karte unter www.citycentremuraltrail.co.uk

Zwischen Gräbern und Geschichten: Eine mystische Nekropolis.

1894 ging Marion Gilchrist als Pionierin neue Wege, indem sie als erste Frau ihren Abschluss in Medizin an der Universität Glasgow machte. Diese herausragende Persönlichkeit spielte nicht nur eine bedeutende Rolle in der Medizin, sondern auch als leidenschaftliche Aktivistin der Frauenwahlrechtsbewegung in Schottland. Heute ruht sie auf der Glasgow Nekropolis, einem 37 Hektar großen Friedhof – neben 50.000 anderen hier begrabenen Personen.

Memento mori

Die Nekropolis, auf einem Hügel neben der Kathedrale von Glasgow gelegen, zählt zu einer der ungewöhnlichsten Attraktionen der Stadt. In den offiziell etwa 3.500 Gräbern ruhen viele prominente Persönlichkeiten der viktorianischen Ära, unter ihnen Politiker, Historiker und Unternehmer. Die imposanten Grabmale und Skulpturen aus verschiedenen Epochen wurden von bedeutenden Architekten und Bildhauern entworfen, darunter Glasgows Multitalent Charles Rennie Mackintosh. Das markanteste Denkmal, eine über 17 Meter hohe Säule mit einer aufgesetzten Statue, sieht man schon von Weitem. Sie ehrt John Knox, den Anführer der protestantischen Reformation. An seinem eigentlichen Grab, auf seinen Wunsch in direkter Nähe zur St. Giles Cathedral in Edinburgh, erinnert nur noch eine Plakette an den Theologen – wenn nicht gerade ein Auto auf der Bucht 23 steht, denn das Gelände wurde zum Parkplatz umfunktioniert.

Unsichtbare Frauen

Nicht zuletzt wegen der fantastischen Aussicht, die man von der Nekropolis in alle Richtungen hat, lohnt sich der Aufstieg auf den Hügel: Man blickt auf die St. Mungo's Cathedral, die nicht nur die älteste Kathedrale in Schottland, sondern auch das älteste Gebäude der Stadt ist, auf Glasgows Skyline und auf die Wellpark Brewery, die das berühmte Tennent's Lager braut. Ihr Gründer, Charles Tennent, sowie sein jüngster Sohn Hugh sind ebenfalls auf der Nekropolis begraben.

Während viele der eindrucksvollen Grabmale von berühmten Männern erzählen, sind die Gräber von Frauen auf den ersten Blick nicht sichtbar. Auf einer geführten Tour der Women's Library Glasgow werden ihre Geschichten erzählt – wie die von Marion Gilchrist.

Wo?

Castle St, Glasgow G4 0UZ, mehrere Eingänge, Haupteingang hinter der St. Mungo's Cathedral über die Bridge of Sighs

Wann?

Täglich von 7 bis 16.30 Uhr

Wichtiges

www.glasgownecropolis.org

Der Weg ist das Ziel: Entschleunigung entlang des Forth & Clyde Canal.

Man kann von Edinburgh nach Glasgsow laufen oder radeln, ohne dabei von Autos gestört zu werden. Etwa 90 Kilometer lang ist der verkehrsfreie Radweg „Route 754", auf dem man zwei der wichtigsten Kanäle Schottlands passiert: Den Union Canal und den Forth & Clyde Canal. Man kann sich die Kanäle natürlich auch in einzelnen Etappen vornehmen und sich dabei viel Zeit lassen, um alles genau zu entdecken.

Abseits der ausgetretenen Pfade

Während das rotierende Schiffshebewerk Falkirk Wheel eine populäre Touristenattraktion ist, verbergen sich vor allem entlang des Forth & Clyde Kanals noch unbekannte Schönheiten.

Die Claypits zum Beispiel: Sie sind Glasgows einziges innerstädtisches Naturschutzgebiet. Vor mehr als 200 Jahren diente dieses Gebiet als Tonabbaufläche. Heute sind die Claypits nicht nur ein Zeugnis vergangener Tage, sondern auch ein lebendiges Naturschutzgebiet, in dem Rehe, Wanderfalken und verschiedene Wasservögel eine Heimat gefunden haben. Ebenfalls entlang der Wasserstraße liegt das ruhige Applecross Street Basin. In einem der Häuser befindet sich die Verwaltung der Scottish Canals. Auf der anderen Seite erinnert die Ruine einer Taverne daran, dass es hier früher lebendiger zuging als heute. Zum Feierabendbier trafen sich die Männer, die auf den *Hoolets* arbeiteten – kleine Boote, die Gepäck und Passagiere auf dem Kanal transportierten.

Zu Fuß, per Rad, per Boot

Wer den Kanal lieber direkt vom Wasser aus erkunden möchte, mietet eines der klassischen *Narrowboats* für ein Wochenende oder länger – eine sehr entschleunigende Art von Urlaub.

Dass der Forth & Clyde Canal heute wieder von Booten befahren wird, ist keineswegs selbstverständlich. Nach seiner Eröffnung im Jahr 1790 diente der Kanal fast zwei Jahrhunderte lang als bedeutende Wasserstraße. Als die Schleusen für die immer größer werdenden Schiffe unpassierbar wurden, wurde der Kanal für die Schifffahrt geschlossen. Erst 2001 wurde er durch Queen Elizabeth II. feierlich wiedereröffnet. Dies verdankt sich dem engagierten Einsatz lokaler Bürger, die sich durch eine Petition für die Wiederbelebung dieses historischen Wasserwegs einsetzten.

Wo?

Spaziergang/Radtour: offizieller Start in Fountainbridge, Edinburgh EH3 9RX;
Startpunkt per Boot ab Falkirk, FK1 4RS

Wann?

Spaziergang und Radtour ganzjährig. Die Miete der *Narrowboats* variiert saisonal und je nach Anbieter.

Wichtiges

Über die Plattform www.drifters.co.uk können *Narrowboats* für mehrtägige Selbstfahrertouren gemietet werden.
Info Routen: www.scottishcanals.co.uk

Ein Schicksalsort für Schottland. Alte Gräber und tanzende Statuen.

Eine der historisch bedeutendsten Stätten Schottlands, jährlich besucht von über einer halben Million Menschen: Stirling Castle, das majestätisch auf einem Vulkanfelsen über der Altstadt thront, steht bei vielen Schottlandreisen auf dem Programm. Zu Recht, schließlich ist die Burg seit der Schlacht von Stirling Bridge im Jahr 1297 ein Symbol für den Willen Schottlands, unabhängig von den Engländern zu sein.

Morgenstund

Gerade zur Hochsaison, wenn die Reisebusse im Minutentakt vorfahren, wird es hier sehr voll. Wer es geschickt anstellt, kann den Anblick der Burg aber auch ganz in Ruhe genießen: Der Ausblick vom Old Town Cemetery auf das Castle ist beeindruckend, und früh am Morgen ist man hier oft gänzlich allein.

Der Friedhof besteht aus verschiedenen Abschnitten, in denen Gräber aus unterschiedlichen Zeitaltern zu finden sind – das älteste davon über 700 Jahre alt. Auch ein entscheidender Ort für Schottlands Schicksal befindet sich hier: Auf dem Felsen Ladies Rock dirigierte „Bonnie Prince Charlie" im Jahr 1746 die letzte Belagerung von Stirling Castle, bevor seine schottische Armee in der schicksalhaften *Battle of Culloden* von den englischen Regierungstruppen vernichtet wurde.

Mini-Edinburgh

Sehr sehenswert ist auch die Altstadt von Stirling. Schottlands wohl am besten erhaltene mittelalterliche Stadt ist nur einen kurzen Spaziergang entfernt und hat einiges zu bieten. So erfährt man in der Stirling Smith Art Gallery viel über den Ort, seine Geschichte, Kultur und Menschen. Wer es gerne schaurig mag, wird bei einem Besuch des ehemaligen Gefängnisses Old Town Jail auf seine Kosten kommen.

Wer zufällig an Silvester in Stirling ist, sollte sich das ehemalige Armenhaus Cowane's Hospital genauer ansehen: Der Legende nach beginnt die dort angebrachte Statue Punkt Mitternacht zu tanzen, in der Hoffnung, damit potenzielle Verehrerinnen anzulocken.

So viel Geschichten, Mythen und Legenden machen hungrig. Im Café der mehrfach preisgekrönten Vera's Bakery in der King Street im Herzen Stirlings gibt es fabelhafte Scones, Frühstück und Burger.

Wo?

Stirling Castle: Stirling FK8 1EG, Central Highlands;
Stirling Old Town Cemetery: ca. 5 Gehminuten von Stirling Castle entfernt

Wann?

Der Friedhof ist rund um die Uhr begehbar. Stirling Castle ist täglich ab 9.30 Uhr geöffnet, bitte Winter- und Sommerschließzeiten beachten.

Wichtiges

Bei kinderfreundlichen Führungen auf Stirling Castle dürfen die Kids in mittelalterliche Kostüme schlüpfen und den Burgalltag erleben. Infos und Tickets unter www.stirlingcastle.scot

Nicht nur für Outlander-Fans: Mittelalter im Jetzt.

Der kleine, beschauliche Ort Culross in Fife dient in der TV-Serie Outlander als Kulisse für das Dorf Cranesmuir. Hier lebt die mystische Hexe Geillis und hier befindet sich der Kräutergarten der Protagonistin Claire auf Burg Leoch.

Musterbeispiel einer Royal Burgh

Selbst für diejenigen, die mit Outlander wenig anfangen können, ist dieser Ort ein Muss in der Schottland-Reiseplanung: Culross gilt als am besten erhaltene *Royal Burgh* aus dem 17. und 18. Jahrhundert. Darunter versteht man eine Stadt mit besonderen Privilegien, die durch eine königliche Charta verliehen wurden.

Wegen der weiß getünchten Häuser mit den roten Ziegeldächern und dem ockerfarbenen Culross Palace, einem Kaufmannshaus, könnte man bei einem Spaziergang durch die gepflasterten Gassen tatsächlich denken, man wäre vier Jahrhunderte zurück in die Vergangenheit gereist. Die Illusion wird nur am *bin day* leicht gestört – die verschiedenfarbigen Mülltonnen, die am Tag der Leerung vor die Häuser gestellt werden, holen einen wieder zurück in die Realität. Und das ist gut so, denn Culross ist kein Museumsdorf, sondern ein lebendiger Ort.

Allerdings einer mit einer reichen Geschichte, die bis ins 6. Jahrhundert zurückreicht, als der Heilige Serf die Stadt gründete. Im 16. und 17. Jahrhundert blühte Culross als Zentrum des schottischen Kohlebergbaus auf und auch die Salzgewinnung brachte Geld ein, das in den Bau des Culross Palace investiert wurde.

Ghost Town

Ab dem 18. Jahrhundert nahm die Bedeutung der Stadt als Hafen ab, und in der viktorianischen Zeit wurde sie zu einer Art Geisterstadt. Das sollte sich zu Beginn des 20. Jahrhunderts ändern: Der National Trust besitzt und verwaltet einen Großteil der historischen Gebäude, darunter den Besuchermagneten Culross Palace. Dieser wurde behutsam in seinen ursprünglichen Zustand zurückversetzt und öffnet von April bis September seine Tore.

Nicht nur der Kräutergarten, auch das Innere des Palasts ist sehenswert: beeindruckende Wand- und Deckengemälde, Möbel aus dem 17. und 18 Jahrhundert sowie eine umfassende Sammlung schottischer und englischer Keramiken.

Wo?

Culross, Dunfermline KY12 8JH

Wann?

Ein Dorfspaziergang geht immer, der Culross Palace ist von April bis September geöffnet

Wichtiges

www.nts.org.uk/visit/places/culross

Diese Pferde macht niemand scheu: Die imposanten Kelpies von Falkirk.

Der schottische Clan MacGregor, so sagt man, soll vom ersten schottischen König Kenneth MacAlpin abstammen. Es ist aber eine andere Sache, um die ihn andere Clans beneiden dürften: Er soll ein Kelpie-Zaumzeug besitzen, das über Generationen weitergereicht wurde. Was daran nun so besonders ist?

Hinterlistig und gemein

In der schottischen Folklore wird ein Kelpie als Wassergeist beschrieben, der vielfältige Gestalten annehmen kann, sogar die von jungen Frauen und Männern. Diese nutzen ihre Schönheit, um Menschen zu verführen und ins Verderben zu reißen – die Loreley lässt grüßen. Auch das sagenhafte Monster von Loch Ness wird von manchen als Kelpie bezeichnet. Überhaupt hat fast jeder schottische See eine Geschichte über einen Kelpie, der in ihm wohnt.

Am häufigsten jedoch erscheint der Kelpie als Pferd an Flüssen oder Seen. Und wenn mal solch einem Kelpie begegnet, bedeutet das meist nichts Gutes – denn Kelpies sind hinterhältig und haben nur Böses im Sinn, zum Beispiel Menschen zu fressen. Außer eben, man hat ein solches Zaumzeug – damit zähmt man ihn und kann seine Kraft und Ausdauer für sich und seine Zwecke nutzen.

Größte Pferdeskulptur der Welt

Die imposanten 30 Meter hohen Kelpies im Ökopark *The Helix* in Falkirk wurden vom Glasgower Bildhauer Andy Scott erschaffen. Laut dem Künstler sollen die Pferdekopfskulpturen jedoch weniger die boshaften Geisterwesen feiern, sondern eher den schottischen Arbeitspferden Hommage zollen.

Schließlich sind sie genau dort ausgestellt, wo Pferde einst die Lastkähne auf den Kanälen ziehen mussten: am Kanalknotenpunkt des Union Canal mit dem Forth & Clyde Canal. Die beiden Köpfe haben ein Gewicht von mehr als 300 Tonnen und setzen sich jeweils aus einem stabilen Stahlgerüst zusammen, an dem etwa 7000 individuell geformte Edelstahlplatten angebracht sind.

Zusätzlich wurden in einem fast zehn Jahre dauernden Prozess 350 Hektar ungenutztes Land zwischen Falkirk und Grangemouth in eine lebendige Parklandschaft mit Rad- und Wanderwegen, Spiel- und Picknickplätzen verwandelt.

Wo?

The Helix, Grangemouth, Falkirk FK2 7ZT

Wann?

Visitor Centre: Täglich von 9.30 bis 17 Uhr. Die Kelpies selbst sind frei zugänglich und zu jeder Tageszeit zu besichtigen.

Wichtiges

Der Zugang zu den Kelpies ist kostenlos. Wer aber ins Innere der Skulptur möchte, muss eine Tour buchen: www.thehelix.co.uk/kelpies-tour

Schottischer Rum mit afrikanischer Seele – Geschmack für Gourmets.

Er hält das Glas ins Licht, schwenkt es bedacht und beobachtet, wie die bernsteinfarbene Flüssigkeit langsam am Glas hinuntergleitet. Er nimmt einen Schluck, ich ebenfalls. „Was schmeckst du?", fragt er. „Whisky", antworte ich. Er lacht. Was wir beide im Glas haben, das ist kein Single Malt. Es ist Matugga Golden, ein Gourmet-Rum, der in ehemaligen Bourbon-Fässern gereift ist.

Zuerst war der Whisky

Meine Assoziation mit Whisky war also nicht ganz falsch. Profis wie Paul, Inhaber und Chefbrenner, schmecken anderes heraus: Nuancen von tropischen Früchten, Holzgewürzen und einen Hauch von Rauch.

In einer unscheinbaren Lagerhalle in Livingston, eine halbe Stunde westlich von Edinburghs Stadtzentrum, hat sich nicht mehr und nicht weniger als eine Rumrevolution vollzogen.

Paul und seine Frau Jacine gehörten zu den ersten, die in Großbritannien Craft Rum herstellten. Bis dato war diese Kombination eher ungewöhnlich. Die beiden änderten das mit Matugga, einem Rum, der von Grund auf in Schottland handwerklich hergestellt wird – in enger Verbindung mit dem afrikanischen und karibischen Erbe des Unternehmerpaars, das seine Wurzeln in Uganda und Jamaika hat.

Pauls Faible für Scotch Whisky war dabei ein Vorteil. Er studierte Brauereiwesen und Destillation an der renommierten Heriot-Watt University und nutzte sein Wissen, um 2018 die erste Charge ihres eigenen Rums herzustellen.

Geschmäcker der Welt

Matugga Rum vereint Tradition mit innovativen Methoden wie zum Beispiel die wilde Gärung und die 100-prozentige Destillation im Kupferkessel. Bei einer Tour bekommt man Einblicke in den gesamten Produktionsprozess dieser Erfolgsgeschichte – und darf natürlich auch kosten.

Neben Matugga Golden gibt es weitere Sorten wie den mit Masala Chai gewürzten Matugga Spiced. Mit Aromen von schwarzem Tee, frischem Ingwer und einem Hauch schottischen Honigs. Plus einer einzigartigen Zutat, die man nicht kaufen kann, aber mit jedem Schluck schmeckt: purer Leidenschaft für das Handwerk.

Wo?

1A Young Square, Brucefield Industrial Estate, Livingston EH54 9BX

Wann?

Die geführten Touren finden einmal im Monat statt (immer samstags).

Wichtiges

www.matuggarum.com

Über diese Brücke musst du geh'n: Ein Bridge-Walk ins Kingdom of Fife.

Zwei Dinge sollten man über die berühmte Eisenbahnbrücke über den Firth of Forth wissen: Erstens, dass sie bei ihrer Eröffnung im Jahr 1890 den Rekord für die größte Spannweite aller Brücken weltweit aufstellte. Und zweitens, dass sie von über sechseinhalb Millionen Nieten zusammengehalten wird, die auch heute noch von Hand in der eigens kreierten Farbe „Forth Bridge Red" gestrichen werden. Immerhin muss das nur alle 20 Jahre gemacht werden.

Viele Wege führen über den Firth

Natürlich gibt es noch viel mehr Interessantes über dieses ikonische Bauwerk zu erzählen, doch viel wichtiger ist es, die Brücke zu erleben. Zum Beispiel, wenn man in Edinburgh in den Zug nach Aberdeen steigt: Die Meeresenge des Firth of Forth zieht bald nach der Abfahrt vorbei, eingefasst in das stählerne Geflecht aus Pfeilern.

Die beste Sicht auf die Brücke hat man allerdings von einem anderen Standpunkt aus. Denn: Nicht nur eine, sondern gleich drei Brücken überqueren den Firth of Forth – die Eisenbahnbrücke, die Queensferry-Crossing für Fahrzeuge und die Forth Road Bridge mit Geh- und Radwegen auf beiden Seiten. Wer einfach nur über die Brücke hin- und wieder zurückspazieren will, benötigt dafür ungefähr eine Stunde und ist mal eben von Edinburgh ins *Kingdom of Fife* gelaufen.

Hüben wie drüben

Noch reizvoller gestaltet sich jedoch der etwa acht Kilometer lange Wanderweg Forth Bridges Trail. Die Route erkundet beide Seiten des Firth, einschließlich der beiden historischen Gemeinden North und South Queensferry, die jeweils ihren eigenen, einzigartigen Charakter haben.

Die entlang der Strecke aufgestellten Hinweisschilder geben vielfältige Informationen über die legendären Orte preis: Den Harbour Tower, welcher als der kleinste funktionierende Leuchtturm der Welt gilt, und das legendäre Gasthaus Hawes Inn. Hier entstanden Teile von Robert Louis Stevensons Roman „Entführt". Wer sich davon berufen fühlt und noch etwas Inspiration für sein zukünftiges Werk benötigt: Im Gasthaus kann man auch heute noch einkehren und übernachten.

Wo?
Forth Rd Bridge, South Queensferry CH1 4QL

Wann?
Bei starkem Wind kann es sein, dass der Fußgänger-/Radweg geschlossen ist.

Wichtiges
www.theforthbridges.org

39 — **FIRTH OF FORTH, EISENBAHNBRÜCKE**

Im Spiel der Gezeiten: Ein Spaziergang durch das Meer und über eine Insel.

„It was Scotland of the mist and rain and the crying sea that made the songs." Man könnte meinen, Lewis Grassic Gibbon wurde zu diesen Zeilen aus seinem Roman „Sunset Song" inspiriert, als er an einem nebelfeuchten Herbsttag am Cramond Beach nahe Edinburgh stand und den Wellen des Meeres und dem Rufen der Seevögel lauschte.

Und plötzlich teilt sich das Meer

Wie eine Glocke legt sich der graue Schleier über das Meer und verdeckt das, worauf die wenigen, die sich hier versammelt haben, warten: Dass sich das Meer so weit zurückzieht, dass der Übergang zu einer kleinen Insel freigelegt ist, die nur zu Fuß und bei Ebbe erreichbar ist. Cramond Island, in der Nähe des Firth of Forth gelegen, birgt verschiedene Spuren der Vergangenheit: Betonreste aus den Verteidigungsanlagen sind mahnende Zeugen der beiden Weltkriege, die mit Efeu bewachsene Ruine eines Gehöfts erzählt eine noch frühere Geschichte und die vielen Graffitis an den Bunkern verraten, dass die Insel zwar unbewohnt, aber keineswegs verlassen ist.

Folge den Drachenzähnen

Das Bild, das sich einem am markantesten ins Gedächtnis brennt, sind die *Dragon's Teeth:* Die Betonpfeiler, die den Damm zur Insel säumen, sehen tatsächlich ein wenig wie spitze Drachenzähne aus. Strategisch platziert sollten sie im Zweiten Weltkrieg Fahrzeuge an der Durchfahrt hindern, um die Küste vor Angriffen zu schützen. Heute sind sie vor allem eins: Ein sehr beliebtes Fotomotiv, das je nach Tages-, Uhr- und Jahreszeit seinen ganz speziellen Zauber ausübt.

Neben den zahlreichen Graureihern und Enten, die sich wenig menschenscheu entlang des Damms aufhalten, können geschulte Vogelbeobachter mit etwas Glück auch seltene Arten wie den Raufußkauz beobachten. Fairerweise muss man sagen, dass dieser hier zuletzt Ende des 19. Jahrhunderts offiziell gesichtet wurde, aber wer weiß: Cramond Island beherbergt sicherlich noch viele weitere Geheimnisse.

Bevor die Flut den Damm wieder unter den Wassermassen versteckt, sollte man sich rechtzeitig auf den Weg machen, um wieder trockenen Fußes an Land zu gelangen.

Wo?

Edinburgh, Ortsteil Cramond, 1,6 km vor der Küste im Firth of Forth

Wann?

Ganzjährig begehbar während Ebbe

Wichtiges

Die Zeitfenster für die sichere Überquerung sind auf einer Tafel am Übergang angebracht und auch im Internet einsehbar: www.queensferrylifeboat.co.uk/cramond-tides

Edinburghs unbekannteres Schloss: das Lauriston Castle.

Was mag Margaret Reid wohl gerade gemacht haben, als sie von der Tragödie der Titanic erfuhr? Spielte sie Klavier, besprach sie das Abendessen mit ihren Bediensteten oder träumte sie sehnsüchtig von Italien, jenem Land, das sie so gerne bereiste? Gewiss ist nur, dass sie rasch über die Ereignisse informiert war: Die Zeitung mit der unheilvollen Nachricht liegt noch so auf ihrem Schreibtisch, als wäre sie gerade erst aufgeschlagen worden.

Opulenz

Im Lauriston Castle ist nahezu alles noch so erhalten wie im Jahr 1926, als Mrs. Reid verstarb und das imposante Landhaus dem schottischen Staat vermachte. Mit ihrem Ehemann William lebte sie seit 1903 in dem beeindruckenden Anwesen, dessen Ursprünge bis ins 16. Jahrhundert zurückreichen und das sie nahezu komplett neu einrichteten.

Während William als Tischler viele der luxuriösen Möbel baute, trug Margaret mit ihrem Faible für Reisen und Kunst zur Dekoration bei. Opulente Orientteppiche, kostbare Blue-John-Vasen aus Derbyshire, Keramiken aus China und Holland: Minimalismus war eindeutig keine Option für die Reids.

Für modernen Komfort sorgte ein weiteres Familienmitglied: Margarets Bruder, der das Sanitär-Unternehmen ihres Vaters übernommen hatte, zog nicht nur dort ein, sondern installierte auch Bäder und eine Zentralheizung.

Bilder für die Nachwelt

Bei einer Führung durch das Schloss erfährt man viel Interessantes, nicht nur über die kostbaren und außergewöhnlichen Gegenstände, sondern vor allem über seine Bewohner. Manches wird aber für immer ein Geheimnis bleiben – so auch die innersten Gedanken von Margaret: Per Testament legte sie fest, dass nach ihrem Tod alle persönlichen Aufzeichnungen vernichtet werden.

Dass wir heute dennoch so viel über sie erfahren dürfen, verdanken wir einer weiteren Leidenschaft der vielseitig talentierten Schlossherrin: Zahlreiche von ihr angefertigte Fotografien zeigen den Alltag im Lauriston Castle. Der Park, durch den sie gern mit ihren drei Hunden spazierte, ist heute ein beliebtes Ausflugsziel – und Heimat für den Edinburgh Crocket Club, der sich hier regelmäßig zum Bälle schlagen trifft.

Wo?

2 Cramond Rd S, Edinburgh EH4 6AD

Wann?

Der Park ist täglich von 8 bis 16.30 Uhr geöffnet, das Schloss ist zu bestimmten Zeiten im Rahmen von Führungen zugänglich.

Wichtiges

www.edinburghmuseums.org.uk/venue/lauriston-castle; das Café Mimi's Bakehouse serviert vor Ort Kaffee, Tee und Kuchen – bei schönem Wetter ideal zum Draußensitzen.

» **Spielte sie Klavier, besprach sie das Abendessen mit ihren Bediensteten oder träumte sie sehnsüchtig von Italien, jenem Land, das sie so gerne bereiste?«**

41

EDINBURGH, LAURISTON CASTLE

Wo Edinburgh noch ein Dorf ist. Vorbei an Mahlsteinen und Werkzeugen.

Wenn man es nicht besser wüsste, würde man diesen Ort niemals inmitten von Schottlands Hauptstadt vermuten. Zu ländlich mutet die Idylle aus alten Steinhäusern, gepflasterten Straßen und dem malerischen Brückenbogen, der über den Fluss führt, an. Doch das Dean Village befindet sich nur wenige Minuten von Edinburghs Stadtzentrum entfernt und ist ideal für einen Spaziergang abseits des Trubels.

Genau hinschauen

Vor etlichen Jahrhunderten säumten elf Mühlen die Ufer des Flusses und nutzten dessen Strömung, um Getreide zu mahlen. Ein aufmerksamer Spaziergang durch diese Gegend lässt noch heute ihre Überreste erahnen: Eine bescheidene Tafel zeigt Abbildungen von Getreide und Bäckerwerkzeugen, woanders wurden Mahlsteine kunstvoll zu einem Ensemble aufeinander gelegt.

Der Weg zum Dean Village ist genauso idyllisch wie das Ziel selbst – vorausgesetzt, man verpasst nicht den Einstiegspunkt. Er liegt gleich neben der Saint Stephen's Church mit ihrem markanten Uhrenturm, wo der Zugang zum Water of Leith leicht übersehen werden könnte. Ein kurzer Fußweg entlang einer unscheinbaren Straße und schon öffnet sich der Eingang zu den Dean Gardens. Von diesem Moment an befindet man sich mitten in einer grünen Oase und schlendert entlang des Flusses, der je nach Jahreszeit und Witterung mal sanft plätschert oder wild rauscht.

Sich treiben lassen

Auf dem Weg passiert man die alte Quelle St. Bernard's Well mit der Statue der griechischen Göttin Hygieia. Weiter geht es unter der über 30 Meter hohen Autobrücke Dean Bridge hindurch, bis man schließlich das eigentliche Dorf erreicht. Von dort ist es nicht mehr weit bis zum Well Court, dem prominentesten Gebäude im Ort, das aus rotem Sandstein erbaut wurde und sich mittlerweile auf zahlreichen Fotos wiederfindet. Hier fanden einst die Arbeiter Unterkunft, die sich buchstäblich ihr Brot in den örtlichen Mühlen verdienten.

Wo?

Im Nordwesten Edinburghs, ca. eine Viertelstunde zu Fuß von den Princes Street Gardens entfernt

Wann?

Durchgängig begehbar. Am Sonntag findet in Stockbridge von 10 bis 16 Uhr (Saunders Street) der Wochenmarkt „Stockbridge Market" statt, ideal als Programmpunkt vor dem Spaziergang.

Wichtiges

Im Dean Village gibt es keine Restaurants und Cafés – am besten davor im Szeneviertel Stockbridge in der schwedischen Bäckerei Söderberg ein paar von den köstlichen Zimtschnecken mitnehmen!

Edinburghs königliche Meile: Dieser Spaziergang hat es in sich.

Die Royal Mile verbindet zwei königliche Residenzen, führt an den bekanntesten Sehenswürdigkeiten der Stadt und am schottischen Parlament vorbei und ist sowohl historisch als auch kulturell von großer Bedeutung.

(M)eile mit Weile

Streng genommen ist Edinburghs wichtigste Meile keine eigene Straße, sondern eine Abfolge mehrere Straßen, die zusamme eine schottische Meile lang sind – etwa 1,8 Kilometer. Für den Fußweg vom Anfang am Edinburgh Castle bis zum Ende, dem Holyrood Palace, benötigt man etwa 25 Minuten. Warum aber eilen, wenn es so viel zu entdecken gibt?

Das gilt besonders für den Teil, der durch die Altstadt führt und daher zum UNESCO-Weltkulturerbe gehört. Hier befindet sich auch die prächtige St Giles Cathedral. Die Hauptkirche der Church of Scotland ist mit ihren Buntglasfenstern, der imposanten Orgel und der Distelkapelle eine der bedeutendsten Attraktionen Edinburghs. Ebenso die zahlreichen unterirdischen Gänge, die *closes*. Einer der bekanntesten, den Real Mary King's Close, kann man bei einer geführten Tour besichtigen. Das Writer's Museum am Lawnmarket ist trotz prominenter Lage fast noch ein Geheimtipp. Es zeigt das Leben und Schaffen von drei Schriftstellern, die Schottlands Seele geprägt haben: Robert Burns, Walter Scott und Robert Louis Stevenson.

Doch es sind nicht nur die großen Namen, die eine Stadt formen: Das People's Story Museum am Canongate Tolbooth erzählt die Geschichte der Arbeiterklasse in Edinburgh.

Für jeden etwas dabei

Keine Lust auf Museen? Auf der Royal Mile gibt es vielfältige Einkaufsmöglichkeiten, von mehr oder weniger geschmackvollen Souvenirs über Whisky und Fudge bis zu hochwertigen Textilien aus lokalen Wollmanufakturen – und natürlich Kilts.

Das Ende der Welt liegt ebenfalls auf Edinburghs königlicher Meile: Der World's End Pub befindet sich genau dort, wo einst die Stadttore standen. In dem denkmalgeschützten Gebäude aus dem 16. Jahrhundert treffen sich heute Einheimische und Touristen, um Klassiker wie *Haggis & Potato Pie* mit einem Glas Cider zu genießen.

Wo?

Edinburgh EH1 1QS. Der klassische Spaziergang führt vom Edinburgh Castle bergab zum Palace of Holyroodhouse.

Wann?

Ganzjährig. Jedes Jahr im August zum Fringe Festival verwandelt sich die Royal Mile in ein riesiges Open Air Theater.

Wichtiges

www.edinburghfestivalcity.com

Edinburghs treueste Fellnase: Bobby streicheln bringt Glück!

Der Gärtner John Gray kommt 1850 mit großen Plänen nach Edinburgh. Als er keinen Job in seinem Beruf findet, grämt er sich nicht lange, sondern ergreift die Chance und nimmt eine Stelle als Wächter bei der Edinburgher Polizei an.

Ein Duo mit sechs Pfoten

Da tritt Bobby in sein Leben: Kein gefährlich aussehender Wachhund, sondern ein freundlicher Skye Terrier, der von nun an zum treuen Begleiter Johns wird und die langen Nachtschichten gemeinsam mit ihm bestreitet. Dem Duo sind nur wenige gemeinsame Jahre auf Streife beschieden. Am 15. Februar 1858 verstirbt John und wird auf dem Greyfriars Kirkyard in Edinburgh begraben.

Der Tod seines Herrchens stellt für Bobby keinen Grund dar, John zu verlassen. Der treue Terrier weicht seitdem nicht von seinem Grab, ganz gleich, ob es schneit oder in Strömen regnet – Bobby ist da und bewacht die letzte Ruhestätte seines Herrchens. Der Friedhofsgärtner versucht zunächst sein bestes, Bobby zu verscheuchen, denn schließlich haben Hunde hier nichts zu suchen. Doch egal, welche List er anwendet, Bobby bleibt. Und bleibt. So viel Loyalität und Beharrlichkeit erweichen auch das Herz das Gärtners und er bereitet Bobby einen gemütlichen Sitzplatz direkt neben dem Grab seines Herrchens.

14 Jahre lang lebt Bobby auf dem Friedhof. Als er selbst verstirbt, wird ihm die Ehre zuteil, als einziger Hund dort begraben zu werden – direkt neben John Gray. Neben seiner Grabesstätte steht ein Denkmal, an dem Besucher auch heute noch Blumen, Stöckchen und Hundespielzeug ablegen.

So ein Feiner!

Nur ein Jahr später wird auf Initiative der Baroness Angela Georgina Burdett-Coutts zudem ein Brunnen mit einer Statue von Bobby direkt vor dem Greyfriars Kirkyard errichtet. Dort steht sie auch heute noch und wer in Edinburgh ist, sollte unbedingt dort vorbeigehen und den treuen Bobby streicheln. Das ist nicht nur ein Zeichen der Anerkennung für Bobbys Loyalität, sondern bringt Glück.

Ob Bobbys Geschichte wirklich wahr oder ein wenig ausgeschmückt ist, wurde nie endgültig geklärt. Fakt ist: Bobby wird von Einheimischen und Touristen gleichermaßen geliebt und verehrt.

Wo?

Greyfriars Kirkyard, 26A Candlemaker Row, Edinburgh EH1 2QQ

Wann?

Rund um die Uhr geöffnet

Wichtiges

In Edinburgh gibt es nicht nur die Bobby Statue, sondern auf dem St. Cuthbert's Churchyard ein Denkmal für Bum – einen ebenso treuen Hund aus San Diego.

Ein Panoramablick wie kein anderer. Hoch oben über Edinburgh.

Dass Prinz Albert seine Frau, Königin Victoria liebte und verehrte, ist allgemein bekannt. Was aber nicht alle wissen, ist, dass er auch noch eine zweite Liebe hatte: Schottlands stolze, schöne Hauptstadt Edinburgh.

Lieblingsberg

Ein besonderer Soul Place des royalen Paares war Arthur's Seat, Hausberg und Wahrzeichen der Stadt. Als sich an seinem Fuße ein müffelnder Sumpf bildete, engagiert sich Prinz Albert für die Trockenlegung. Im Zuge der Arbeiten entstanden die beiden künstlichen Seen Dunsapie Loch und St. Margaret's Loch. Im Rahmen dieser Neugestaltung ließ Prinz Albert auch den Queen's Drive anlegen. Diese etwa fünf Kilometer lange Straßenschleife bot die ideale Möglichkeit, sich gemütlich herumkutschieren zu lassen und dabei den majestätischen Anblick von Arthur's Seat zu genießen. Es wird erzählt, dass sich Queen Victoria dabei beinahe wie in den Highlands fühlte.

Hügel ... oder Berg?

Obwohl Arthur's Seat nicht als *Munro* gilt – er erreicht mit 251 Metern nicht die Höhe, die in Schottland für die Bezeichnung notwendig ist – wirkt er aufgrund seiner beeindruckenden Erscheinung wie einer. Robert Louis Stevenson beschrieb ihn in einem Buch über seinen Geburtsort Edinburgh als „einen Hügel aufgrund seiner Höhe, aber einen Berg aufgrund seiner kühnen Gestaltung".

Und tatsächlich: Arthur's Seat bietet, neben den beiden anderen vulkanischen Bergen Castle Hill und Calton Hill, den besten Blick aus der Vogelperspektive über Edinburgh. Von hier aus erstreckt sich der Blick über den Holyrood Park mit seinem Palast, das markante Parlamentsgebäude, die historischen Viertel der Old and New Town, die majestätische Hügelkette der Pentlands Hills und sogar bis hinüber zu Leith, dem Firth of Forth und der Nordsee.

Obwohl der Großteil der Wanderung moderat ist, wartet im letzten Abschnitt eine kurze, aber recht steile Herausforderung. Es ist aber nicht notwendig, den Gipfel zu erklimmen, um eine beeindruckende Aussicht zu genießen. Bereits entlang der Route bieten sich großartige Panoramen, etwa auf die beiden Lochs und den steilen Abhang der Salisbury Crags.

Wo?

Holyrood Park, The Dasses, Edinburgh EH8 8AZ. Ein günstiger Startpunkt ist z. B. am Parkplatz neben dem Queen's Drive (geringfügige Parkgebühr).

Wann?

Die Wanderung lohnt sich zu jeder Jahreszeit.

»Arthur's Seat bietet, neben den beiden anderen vulkanischen Bergen Castle Hill und Calton Hill, den besten Blick aus der Vogelperspektive über Edinburgh.«

Wenn Wände reden könnten: Der älteste Pub Schottlands.

Dicker Teppichboden, eine halbrunde Bar in tannengrün, runde Tische aus dunklem Holz und bequeme Stühle, die mit modern gemusterten Textilien bezogen sind: So gediegen hätte ich mir Schottlands ältesten Pub nicht vorgestellt. Und doch esse ich gerade mein Mittagessen genau dort, wo auch schon Mary, Queen of Scots und Bonnie Prince Charlie gerne eingekehrt sind.

Es heißt, dass auf dem Grund und Boden des Sheep Heid Inn in Edinburghs Viertel Duddingston schon seit 1360 ein Gasthaus gestanden hat, auch wenn der Kern des heutigen Gebäudes vermutlich erst im 18. Jahrhundert errichtet wurde.

Verstecktes Juwel

Die ausgestopften Widderköpfe, die an den Wänden hängen, verraten auch etwas über die vermutete Herkunft des ungewöhnlichen Namens: König James VI. von Schottland soll den Gastwirten bei seinem Besuch eine mit einem Schafkopf verzierte Schnupftabakdose geschenkt haben – fortan wurde das Sheep Heid Inn so benannt, wie wir es heute kennen.

Dass der älteste Pub keine Touristenfalle geworden ist, ist ein echter Glücksfall. Das liegt zum großen Teil auch an seiner Lage: Obwohl das Viertel nicht weit von Edinburghs Top-Attraktionen wie dem Holyrood Palace oder Arthur's Seat entfernt ist, verirren sich nur wenige hierhin, die nicht aus der Gegend kommen. Duddingston war einst ein eigenes Dorf, bevor es in Edinburgh eingegliedert wurde, und dieser ländliche Charme ist zum großen Teil erhalten geblieben. In Laufnähe befinden sich ein Gemeinschaftsgarten in dem die Anwohner ihr Obst und Gemüse anbauen, die Duddingston Kirk, die im 12. Jahrhundert von einem normannischen Ritter gebaut wurde und mit Dr. Neils Garden ein versteckter, botanischer Garten, der eigentlich seinen eigenen Soul Place verdient hätte.

Alle Neune

Während ich meine Vorspeise, eine herrlich aromatische Tomatensuppe, zu mir nehme, höre ich aus einem Hinterraum Geräusche, die ich zunächst nicht so richtig zuordnen kann: Es rollt, es klappert und anschließend wird geflucht oder gejubelt. Des Rätsels Lösung: Die Skittles Alley, eine historische Kegelbahn aus dem späten 19. Jahrhundert, wird immer noch rege genutzt.

Wo?

43-45 The Causeway, Edinburgh, EH15 3QA

Wann?

Täglich geöffnet von 12 bis 23 Uhr (sonntags bis 22.30 Uhr)

Wichtiges

Das Sheep Heid Inn serviert modernes Country-Food, inklusive vegetarischer und veganer Optionen. Sonntags gibt es *Sunday Roast,* Reservierung empfohlen. www.thesheepheidedinburgh.co.uk

Ein Küstenpfad im Königreich. Loswandern und Teetrinken.

Das Gebiet zwischen dem Firth of Tay und dem Firth of Forth, bekannt als das Königreich Fife, rühmt sich gern seiner langen und bedeutenden Tradition in der Seefahrt und im Handel. Bis heute ist die Fischerei in der Region präsent und aktive Häfen säumen weiterhin die Küste. Entlang des gut ausgeschilderten Fife Coastal Path kann man die facettenreiche Landschaft und die vielleicht malerischsten Fischerdörfer Schottlands Schritt für Schritt erkunden.

Zwischen Fischerromantik und -realität

Über eine Strecke von 117 Meilen (187 Kilometer) führt der Fernwanderweg von der Hafenstadt Kincardine am Firth of Forth durch ehemalige Bergbaustädte zu den Fischerorten von East Neuk und passiert dabei die Universitätsstadt St. Andrews, bevor die letzte Etappe in der Kleinstadt Newburgh am Firth of Tay ihren Abschluss findet.

Ein besonders reizvoller Abschnitt erstreckt sich von Anstruther nach Crail. Über sieben Kilometer führt der Weg vom größten Fischereihafen in East Neuk ins beschauliche Crail, das vermutlich zu den am häufigsten fotografierten Orten in Fife zählt. Auf der Route hat man sehr gute Sicht auf die Isle of May und den Bass Rock. Während der *Puffin*-Saison (April bis August) kann man mit etwas Glück tausende von Papageientauchern sehen – unbedingt das Fernglas minehmen! Der Weg führt bald an der markanten Felsformation *The Cove* vorbei. Nun dauert es nicht mehr lange, bis die weiß getünchten Cottages von Crail am Horizont erscheinen.

Tee mit Ausblick

Nach der Ankunft in Crail ist ein Besuch im Harbour Tearoom ein absolutes Muss, um sich mit Scones oder einem Sandwich zu belohnen. Bei gutem Wetter schmeckt es mit Blick über den Firth of Forth gleich noch besser und falls es etwas kühler ist, mummelt man sich einfach dick in die gemütlichen Decken ein und wärmt sich mit einer guten Tasse Tee.

Ein echter Tipp ist das Crail Food Festival, das jährlich an einem Wochenende im Juni stattfindet. An mehreren Locations im Ort gibt es verschiedene Veranstaltungen von und mit lokalen Erzeugern mit einem großen Street-Food-Markt als Highlight.

Wo?

Crail, Anstruther KY10 3SU

Wann?

Der Wanderweg ist vor allem im Sommer und Herbst sehr reizvoll.

Wichtiges

Alle Etappen des Fife Coastal Path: www.fifecoastandcountrysidetrust.co.uk/walks/fife-coastal-path

Golf, Geschichte & royale Romanzen an der Küste.

Wiege des Golfsports, Universitätsstadt mit faszinierendem historischen Erbe und Amor in Bezug auf die englische Thronfolge: Die schottische Küstenstadt St. Andrews ist zwar klein, hat aber Großes zu bieten.

The Home of Golf

Für Liebhaber des Golfsports ist St. Andrews ein Pilgerort par excellence: Hier gibt es die ältesten und schönsten Golfplätze der Welt.

Um auf dem Old Course, dem berühmtesten Golfplatz, spielen zu können, bedarf es neben der erforderlichen Spielstärke vor allem eines langen Atems, da Wartezeiten von über einem Jahr eine Buchung erschweren. Man kann jedoch auch Glück haben: Bei den täglichen Verlosungen haben einige wenige die Möglichkeit, spontan auf dem legendären Platz zu spielen.

Abseits des Grüns erzählen die Ruinen der St. Andrews Cathedral eine faszinierende Geschichte. Von der einst prachtvollsten Kathedrale in Großbritannien, die Pilgern aus aller Welt als heilige Stätte galt, sind von den ursprünglich sieben Türmen nur noch zwei auf der Ostseite und einer auf der Westseite erhalten.

Nur wenige Gehminuten entfernt, auf einer Klippe mit Blick auf die Nordsee, befinden sich die Überreste des St. Andrews Castle, das aus dem 13. Jahrhundert stammt und jahrhundertelang die Residenz der Bischöfe und Erzbischöfe von St. Andrews war. Bei einer geführten Tour darf man auch einen Blick in den *bottle dungeon* werfen: Der Tunnel galt im Mittelalter als eines der berüchtigtsten Verliese.

„Where Will met Kate"

1413 gegründet ist die *University of St Andrews* die älteste Universität Schottlands. Einen riesigen Campus sucht man hier jedoch vergebens: Die Lage der Stadt gibt die Größe der Universität vor. Nichtsdestotrotz hat sich die Gesamtbevölkerung von St. Andrews durch den Zustrom von Studenten verdoppelt.

Neben ihrem historischen Prestige ist die Universität auch in royale Schicksale verwickelt. Hier, so heißt es, trafen Prinz William und Kate Middleton erstmals aufeinander. Der Legende nach wurde Williams romantisches Interesse an Kate während einer Wohltätigkeits-Modenschau geweckt. Der Rest ist Geschichte, und aus der bürgerlichen Kate wurde die heutige Princess of Wales.

Wo?

The Scores, St. Andrews KY16 9AR

Wann?

Während der Semesterferien (Anfang Juni bis Anfang September) ist die Stadt leerer. Die Golf-Saison ist im Sommer, die meisten Golfhotels bieten aber auch *Winter Packages* an.

Wichtiges

Infos zu Golf und dem Old Course: www.standrews.com/homepage;
St. Andrews Castle Besichtigung: www.historicenvironment.scot/visit-a-place/places/st-andrews-castle

Schottlands Schicksalsstein. Legendenumrankt und heiß begehrt.

Am 30. November 1996 säumten 10.000 Menschen die Royal Mile in Edinburgh, um einen Blick auf ein bemerkenswertes Objekt zu erhaschen. Es waren weder königliche Hoheiten noch Prominente, die sie erwarteten, sondern ein 152 Kilogramm schwerer Sandsteinblock.

Ein Stein, der viele Namen trägt

An jenem Tag kam der *Stone of Destiny,* auch bekannt als *Stone of Scone, Coronation Stone* oder *Lia Fáil* auf Keltisch zum ersten Mal seit 700 Jahren nach Schottland zurück. Und das war eine ziemlich große Sache. Im 14. Jahrhundert wurde der Schicksalsstein in einen Krönungsstuhl eingearbeitet und erstmals bei der Krönung von Edward II. und danach bei der Krönung aller nachfolgenden Könige und Königinnen von England verwendet.

Objekt der Begierde

Um die tatsächliche Herkunft des Steins ranken sich viele Legenden – wurde er vielleicht sogar vom biblischen Propheten Jakob als Kopfkissen genutzt? Wissenschaftler gehen heute aufgrund von geologischen Analysen davon aus, dass der Stein tatsächlich aus Schottland stammt. Als Kenneth I., der erste schottische König, die schottischen und piktischen Königreiche vereinigte und seine Hauptstadt nach Scone in Perthshire verlegte, ließ er auch den Stein dorthin bringen. Dort blieb er, bis ihn der englische König Edward I. nach seinem Sieg über die Schotten im Jahr 1296 gewaltsam entfernte und in die Westminster Abbey in London brachte.

Im Laufe der Geschichte wurde der Stein mehrmals entwendet, zuletzt einige Jahre vor der Krönung von Queen Elizabeth II. Plötzlich tauchte er in der Abtei von Arbroath, etwa 130 Kilometer nördlich von Edinburgh, auf. Nach einigen Verhandlungen kehrte er an seinen Standort in London zurück.

Nach seiner Rückgabe an Schottland im Jahr 1996 wurde er im Edinburgh Castle aufbewahrt. 2023 wurde der Stein erneut umgesiedelt und in das neue, umfassend sanierte Museum in Perth gebracht. Und so schließt sich der Kreis: Schottlands Schicksalsstein befindet sich jetzt wieder in Perthshire, unweit der heute verfallenen Scone Abbey, wo er ursprünglich aufbewahrt wurde.

Wo?

St John's Place, Perth, PH1 5SZ

Wann?

Aktuelle Öffnungszeiten auf der Website des Museums: https://perthmuseum.co.uk

Wichtiges

Der Eintritt ist frei; um den Stone of Destiny zu sehen, muss man ein zeitlich begrenztes Ticket buchen.
Übrigens: Auf dem Bild sieht man den Stein im Krönungsstuhl unter der Sitzfläche.

Lachse zählen und durch tosende Wassermassen spazieren.

Schottland ist stolz auf seinen Lachs, der die Liste aller Lebensmittelexporte im Vereinigten Königreich unangefochten anführt. Lachsfische – darunter auch die Meerforelle – haben die Angewohnheit, vom Meer zurück zu ihren Laichplätzen flussaufwärts zu schwimmen. Damit sie daran nicht von Staudämmen und Staustufen gehindert werden, gibt es Fischtreppen.

Der Lauf der Lachse

Die Fischtreppe in Pitlochry, einer kleinen Gemeinde in Perthshire in den südlichen Highlands, lockt jedes Jahr nicht nur etliche Lachse, sondern auch Menschenmengen an: Sie hoffen auf das seltene Glück, einen Lachs dabei zu beobachten, wie er aus dem Wasser springt.

Und so funktioniert's: Die Fischtreppe hat 34 kleine Becken, die wie Stufen angeordnet sind. Die Lachse schwimmen diese Leiter hinauf, indem sie die Verbindungstunnel passieren, bis sie schließlich zu ihrem Laichplatz im Loch Faskally gelangen.

Im Frühjahr schwimmen die Fische je nach Wetterlage ab April für etwa drei Monate stromaufwärts, obwohl es immer wieder Fische gibt, die das ganze Jahr über unterwegs sind.

Die Fischtreppe wurde als Teil des Pitlochry Damms gebaut, der Mitte des 20. Jahrhunderts für die Stromerzeugung errichtet wurde.

Gewaltig

Auch wenn gerade keine Lachssaison ist, lohnt sich ein Besuch. Der Gang über die Brücke des Staudamms, während die Wassermassen tosend unter einem rauschen, ist ein Erlebnis für sich. Das dazugehörige Pitlochry Dam Centre informiert in verschiedenen interaktiven Ausstellungen über den Bau und die Funktionalität des Wasserkraftwerks.

Aus Sicherheitsgründen nicht mehr für die Öffentlichkeit zugänglich ist der Beobachtungsraum, bei dem man den Lachsen auf Augenhöhe begegnen konnte. Stattdessen gibt es drei verschiedene Aussichtspunkte mit Informationstafeln, inklusive eines *Fish-Counters,* der alle vorbeischwimmenden Fische zählt.

Der heimliche Star ist aber das passend benannte Salmon Leap Café – nicht nur, weil man dort Snacks und Lunch aus regionalen Zutaten bekommt, sondern weil man von dort einen Panoramablick auf den Staudamm und die Fischtreppe hat.

Wo?

Pitlochry Dam Visitor Centre, Armoury Road, Pitlochry PH16 5AP – vom Zentrum leicht zu Fuß oder mit dem Auto zu erreichen.

Wann?

Hauptsaison für Lachsbeobachtung: April/Mai und Sept./Okt. Öffnungszeiten siehe Website.

Wichtiges

www.pitlochrydam.com

Übernachten im Gesamtkunstwerk. Und die Muse küsst zum Frühstück.

Ein Hotel kann einfach nur ein Ort zum Übernachten sein, an dem man abends müde ins Bett fällt und morgens im besten Fall ausgeruht aufwacht. Manchmal ist es aber auch ein Ort, der eine Geschichte erzählt und die Fantasie anregt. Das Fife Arms, idyllisch gelegen in unmittelbarer Nähe des königlichen Sommersitzes Balmoral Castle, ist so ein Ort.

Den Mutigen gehört die Welt

Mitte des 19. Jahrhunderts errichtet, spielte das Anwesen von Beginn an eine zentrale Rolle in der Region: Braemar ist bekannt für seine *Gatherings,* die den Höhepunkt der Highland Games bedeuten. Die königliche Familie ist regelmäßig bei den Spielen zu Gast, seitdem Queen Victoria die Schirmherrschaft übernahm.

Der Zahn der Zeit – und ganze Ladungen an Bustouristen – führten irgendwann dazu, dass die einstige viktorianische Pracht verblasste. „Ein Jammer", dachten sich nicht nur viele der Einheimischen, sondern auch die Kunstförderer Manuela und Iwan Wirth. Aus einer Idee wurde eine Vision, aus der Vision ein ambitioniertes Projekt. Mit einem echten Happy End: Nach jahrelangen Restaurierungsarbeiten erstrahlt das Fife Arms heute wieder im einstigen Glanz – inklusive eines beeindruckenden Updates.

Ein lebendes Kunstwerk

Über 14.000 Kunstwerke schmücken das Hotel, aus verschiedenen Genres und Epochen: Vom Landschaftsgemälde aus dem 16. Jahrhundert über einen Picasso bis hin zu zeitgenössischer Kunst. Übernachten im Museum also? Nicht ganz: Die Kunst ist hier nicht nur einfach ausgestellt, sie ist Teil des Konzepts. Da verwundert es auch nicht weiter, wenn die Tasten des Flügels wie von Zauberhand bewegt werden und plötzlich eine Melodie erklingt; oder wenn über dem Tisch im Esszimmer ein opulenter Kronleuchter hängt, der aus Milcheimern, Pfannen und Brotdosen konstruiert ist.

Jedes noch so kleine Detail im Hotel ist sorgfältig bedacht, weckt Erinnerungen an die Vergangenheit und verbindet sie auf kunstvolle Weise mit dem Hier und Jetzt. Und die Einheimischen? Die kommen immer wieder gerne. Der Whisky schmeckt im Hotelpub „The Flying Stag" genau so gut wie früher – und die zugleich ungekünstelte wie künstlerische Atmosphäre tut ihr Übriges.

Wo?

Mar Rd, Braemar, Aberdeenshire, AB35 5YN

Wann?

Das Hotel ist ganzjährig geöffnet. Das Restaurant, der Dorfpub, die Cocktailbar und die Whisky-Bibliothek sind auch für externe Gäste zugänglich.

Wichtiges

Im Fife Arms gibt es auch Whisky-Tastings und Afternoon Tea! Infos und Buchung unter https://thefifearms.com

Ein königliches Vergnügen: Wo die Royals wie du und ich sein dürfen.

Ganz Großbritannien ist von den Paparazzi besetzt, auf der Jagd nach den neuesten Fotos der Royal Family. Ganz Großbritannien? Nein! Ein von unbeeindruckten Schotten bevölkertes Dorf hört nicht auf, die königliche Familie wie ganz normale Menschen zu behandeln.

The Place to Be

Ballater, nur zehn Autominuten von Balmoral Castle entfernt, ist der Ort, an dem jeder sein kann, wer er ist – egal ob gekröntes Haupt oder Normalbürger. König Charles hat Ballater zum ersten Mal als Baby besucht und ist dem Ort treu geblieben. Kein Wunder, schließlich ist das viktorianische Städtchen ein beschaulicher Ort, perfekt eingebettet in das Herz von Royal Deeside und unweit der Cairngorm Mountains.

Ballater hat keine lange Geschichte wie andere Orte vorzuweisen: Erst Mitte des 18. Jahrhunderts entwickelte sich hier ein Kurort, der schnell beliebt und immer mondäner wurde. Vor allem, als hundert Jahre später Queen Victoria und Prince Albert Balmoral Castle kauften, war Ballater endgültig angesagt bei der High Society.

Fine Dining im Bahnhof

Bei Besuchern beliebt ist Ballater aber vor allem als Ausgangspunkt für ausgiebige Wanderungen in der von Kiefernwäldern gesäumten Umgebung sowie dem Naturschutzgebiet Muir of Dinnet.

Auch wenn gerade kein Mitglied der königlichen Familie zu Gast ist, sind die Windsors präsent: 2015 eröffnete der heutige König Charles und damalige Prinz von Wales im wiederaufgebauten Bahnhofsgebäude das Restaurant Rothesay Rooms. Nach einem schwierigen Jahr mit Überschwemmungen und einem Brand, der den ursprünglichen Bahnhof zerstörte, sollte so der Tourismus wieder angekurbelt werden. Passend zur ökologischen Einstellung des Königs werden dort auch heute noch biologische und lokale Produkte zu hochwertigen Speisen verarbeitet.

Der zweite Donnerstag im August markiert den Höhepunkt im Veranstaltungskalender: Seit 1864 finden an diesem Tag die Highland Games statt und ganz Ballater steht Kopf. Nur logisch, dass die königlichen Hoheiten auch gerne mal vorbeischauen.

Wo?

Ballater AB35 5RB

Wann?

Die nächsten Highland Games: 08.08.2024

Wichtiges

www.visitballater.com; www.ballaterhighlandgames.com

Im Käsehimmel: Altes Handwerk neu belebt, zuschauen und probieren.

1972 war wahrlich kein gutes Jahr für Käseliebhaber: Die Verleihung des *Scottish Farmhouse Cheese-makers*-Preises wurde eingestellt, und in den vorangegangenen sechs Jahren hatte es ohnehin immer nur einen einzigen Teilnehmer gegeben. Bauernkäse, einst ein Nebenprodukt der Milchbauern, wurde ursprünglich dazu genutzt, Käse für Freunde und Familie herzustellen – doch nach und nach verschwand er von der Bildfläche.

Keltische vs. römische Käsekunst

Es schien lange Zeit so, als würde sich niemand mehr für diese besondere Art von Käse interessieren. Bedauerlich, denn schottischer Käse unterscheidet sich schon immer von dem aus England und Wales, und das liegt, wie so oft, an den Römern: Da sie nie in Schottland einfielen, wurde ihre Art der Käseherstellung dort nie wirklich populär. Stattdessen zeichnen sich schottische Käsesorten oft durch eine gewisse Säure aus – ein berühmtes Beispiel ist der Crowdie aus gesäuerter Magermilch.

Seit einigen Jahren erlebt handgemachter Bauernkäse jedoch eine bemerkenswerte Renaissance. Ein besonders gelungenes Beispiel dafür ist Cambus O'May Cheese. Inmitten der spektakulär schönen Landschaft entlang des Dee-Flusses im Nordosten Schottlands stellt Familie Reid seit sechs Generationen verschiedene Sorten von unpasteurisiertem Bauernkäse her, die direkt vor Ort im Laden erworben werden können.

Käse macht glücklich

Durch ein Fenster kann man bei der Käseherstellung zuschauen und wer Käse liebt, dem wird beim Anblick der gerade verarbeiteten Rohmilch das Wasser im Mund zusammenlaufen. Zum Glück befindet sich direkt nebenan das Milk Hoose Café, in dem die Köchin die Molkereiprodukte in köstliche Gerichte verwandelt: der in Schottland so beliebte *Cheese-and-Macaroni-Pie, Quiche, Haggis-Cheese-Toasties* und natürlich auch *Cheese Scones.*

Das Café ist der perfekte Zwischenstopp, sei es auf dem Weg zum nur 15 Kilometer entfernten Balmoral Castle oder wenn man sich für eine Wanderung in der schönen Region mit Proviant ausstatten möchte. Der proteinreiche Käse eignet sich hervorragend, um sich und seinen Muskeln während einer anstrengenden Tour etwas Gutes zu tun.

Wo?

Cambus O'May, Ballater AB35 5SD

Wann?

Mittwoch bis Sonntag von 10 bis 16 Uhr, Montag und Dienstag geschlossen

Wichtiges

www.cambusomay.com

Historischer Augenschmaus und eine kulinarische Mutprobe.

Es ist der Nachmittag des 5. Juli 2023. Die St. Giles Kathedrale in Edinburgh ist bis auf den hintersten Platz besetzt. Staatshäupter, internationaler Hochadel, Parlamentsmitglieder, Botschafter und die britische Königsfamilie werden gleich Zeuge, wie König Charles III. bei einem Dankgottesdienst die *Honours of Scotland* überreicht werden – die schottischen Kronjuwelen. Darunter ein Zepter und eine Krone, die sich bis auf Jakob IV., den Großvater von Maria Stewart, zurückführen lassen.

Nein, meine Juwelen geb ich nicht

Was einige der Anwesenden vermutlich nicht wissen: Wäre es nach einem gewissen Sir Oliver Cromwell gegangen, würden die *Scottish regalia,* wie die Kronjuwelen auch genannt werden, heute nicht mehr existieren. Doch der Heerführer hat seine Rechnung ohne die cleveren Schotten gemacht: Trotz der achtmonatigen Belagerung von Dunnottar Castle in Aberdeenshire, wo das wertvolle Gut während der Englischen Bürgerkriege versteckt wurde, gelang es den Truppen nicht, die königlichen Insignien aufzutreiben und zu zerstören. So waren sie bereits mit den englischen Kronjuwelen verfahren, doch die *Honours of Scotland* waren längst an einen anderen Ort gebracht worden. Diese Episode britischer Geschichte kann man bei einer Besichtigung des Dunnottar Castle heute noch spüren, auch wenn die schottischen Kronjuwelen mittlerweile auf Edinburgh Castle beheimatet sind und von der Burg nurmehr Ruinen übrig sind.

Eine Wanderung und eine Wette

Mindestens ebenso spektakulär wie der Besuch ist der Weg: Die knapp viereinhalb Kilometer lange Rundwanderung führt entlang der Klippen vom Fischerdorf Stonehaven zur Burg und zurück. Schon bald erblickt man die felsige Landzunge, auf der die mittelalterliche Festungsruine thront.

Zurück in Stonehaven kann man sich seine Energiereserven bei einer anderen, urschottischen Tradition wieder auffüllen: Beim Genuss eines frittierten Marsriegels. Entgegen landläufiger Meinung, dass der *deep fried mars bar* seinen Ursprung in Glasgow hat, wurde er hier, im Fish and Chips Shop The Carron als Folge einer Wette zwischen zwei Schuljungen erfunden und wird auch heute noch serviert (Soul Place 55).

Wo?

Dunnottar Castle: 3 km südlich von Stonehaven, Aberdeenshire. The Carron: 1 Allardice St, Stonehaven

Wann?

Besonders schön ist die Wanderung zur goldenen Stunde, wenn die Sonne das Castle in ein unwirklich scheinendes Licht tüncht.

Wichtiges

Dunnottar Castle ist ganzjährig geöffnet, bei schlechter Witterung kann es zu Schließungen kommen. Informationen unter www.dunnottarcastle.co.uk

Den Mutigen gehört die Welt: Wie zwei Jungs ein Kultgericht erfanden.

The Carron in Stonehaven, etwa eine halbe Stunde südlich von Aberdeen gelegen, zählt zu den besten Fish and Chips Shops des Vereinigten Königreichs. Regelmäßig heimst der kleine Laden Auszeichnungen für das Lieblingsessen vieler Briten ein.

„Das traust du dich niemals!"

International bekannt ist The Carron jedoch vor allem für ein Gericht, das ebenfalls in heißem Fett zubereitet wird, jedoch eine völlig andere Geschmacksrichtung aufweist: The Carron ist der Geburtsort des frittierten Marsriegels, einer der umstrittensten und gleichzeitig bekanntesten Snacks Schottlands. Und alles begann auf einem Schulhof mit einer Wette.

Die Legende besagt, dass die Köchin Evelyne Balgowan als Erste mit dem Frittieren des Schokoriegels experimentierte, nachdem der 15-jährige John Davie seinen Schulfreund Brian McDonald 1992 dazu herausgefordert hatte, die skurrile Kreation zu essen. Was eigentlich eine unappetitliche Mutprobe sein sollte, entpuppte sich zu Brians Überraschung als wohlschmeckende Köstlichkeit. Die Nachricht verbreitete sich in Windeseile und schon bald stürmten seine Mitschüler den Laden, der damals noch The Haven Fish and Chip Bar hieß.

Die lokale Presse griff die Geschichte schnell auf, es folgten die überregionalen Zeitungen und auch das Fernsehen ließ nicht lange auf sich warten.

Süß, heiß & klebrig

Auch heute, über 30 Jahre nach dem allerersten frittierten Riegel, ist der *deep fried mars bar* noch ein absoluter Renner. An die 200 Stück pro Woche werden hier verkauft, die wenigsten davon an Stammkunden, sondern an Studenten, Schüler und Touristen. Und wie schmeckt er nun, „Schottlands verrücktester Snack"?

Besser, als man vielleicht zunächst denkt – eine knusprige Hülle, mit einem cremigen, schokoladigen Kern. Ein leichter Hauch von Schellfisch ist jedoch nicht von der Hand zu weisen, schließlich nimmt der Schokoriegel das Bad im gleichen Frittierfett wie alles andere auch.

Wo?
1 Allardice St, Stonehaven AB39 2BN

Wann?
Täglich geöffnet

Wichtiges
www.carronfishbar.com

Kaffee mit Delfinen, Nachhaltigkeit und Gemeinschaftsgefühl.

Wenn man, fast überall auf der Welt, ein Café betritt, dann befinden sich auf den Tischen normalerweise ein Zuckerstreuer, eine Speisekarte und vielleicht noch ein Serviettenspender. Im Mount Café an der Greyhope Bay, einer Bucht nahe des Hafens von Aberdeen, gibt es ein weiteres Accessoire: qualitativ hochwertige Ferngläser. Die Attraktion dieses Ortes sind nämlich nicht der Kaffee, Scones oder Kuchen, sondern das, was man von den großen Panoramafenstern aus sehen kann: Unzählige Delfine, die über die Wellen der Bucht springen.

Die Delfin-Hauptstadt Europas

Diese Delfine sind es, die Einheimische und Besucher gleichermaßen an der Greyhope Bay in der heimlichen Street-Art-Hauptstadt Schottlands zusammen bringen: Ungefähr 190 Große Tümmler leben zwischen dem Moray Firth und dem Firth of Tay und viele davon kommen täglich an die Bucht am Hafen um zu spielen und nach Nahrung zu suchen.

Aberdeens nachhaltigste Tasse Kaffee

Zwei Schiffscontainer und eine Vollglasfront mit Blick auf das Meer: Jack und Lauren teilen nicht nur die Leidenschaft für Kaffee, sondern auch die Liebe zur Natur. Von Bali bis Texas sind sie gereist, um sich in Sachen Kaffeekultur weiterzubilden und inspirieren zu lassen. Ihre Eindrücke und Erfahrungen haben sie in ihr gemeinsames Projekt, das Mount Café, einfließen lassen: Ein Outdoor-Erlebnis, das man auch drinnen genießen kann.

Eine große Rolle spielt auch die Philosophie, die auf Nachhaltigkeit und Ressourcenschonung basiert: Das Café ist unabhängig vom Stromnetz und versorgt sich selbst, mit einer hybriden Kreislauftechnologieanlage. Die Bohnen für den *Specialty Coffee* stammen von kleinen Röstereien der Region, die verwendeten Zutaten für Frühstück, Lunch und Snacks sind nach Möglichkeit saisonal, die Verpackungen kompostier- oder recyclebar, die Toiletten ökologische Kompost-WCs. Am letzten Tag des Monats gehen die Einnahmen komplett an die Greyhope Bay, um deren wichtige Arbeit in Sachen Umweltschutz und Community zu unterstützen.

Wer alleine auf Reisen ist, findet hier schnell Anschluss: Das Gemeinschaftsgefühl ist Teil des Konzepts. Bei Veranstaltungen wie dem Buchclub oder *Wine Tastings* kommt man schnell ins Gespräch – und wer die Liebe sucht, findet sein Glück möglicherweise beim Speed Dating.

Wo?

Greyhope Bay Centre, Greyhope Rd, Aberdeen AB11 8QX. Zu Fuß oder mit dem Fahrrad entlang der National Cycle Network Route 1. Mit dem Bus 12 ab Aberdeen City Centre bis Nigg Bay Golf Club, dann zehn Minuten Fußweg Richtung Norden

Wann?

Donnerstag bis Montag 10–16 Uhr

Wichtiges

Das Mount Café veranstaltet auch einen Charity-Marathon zugunsten der *Scottish Association for Mental Health*, Infos auf der Website.
www.mountaberdeen.com

Zeitreise ins alte Herz von Aberdeen. Spazieren und staunen.

Aberdeen im Nordosten Schottlands ist bekannt als *Granite City* oder *Silver City*, wegen der grauen Gebäude, die zwischen der Mitte des 17. und 19. Jahrhunderts mit lokalem Granit erbaut wurden.

Neben dem neuen Teil der Stadt gibt es noch einen weitaus älteren: Old Aberdeen, das bereits im späten Mittelalter von Mönchen, Händlern und Gelehrten frequentiert wurde. Würde man es nicht besser wissen, könnte man kaum glauben, dass man sich hier in der drittgrößten Stadt Schottlands befindet: gepflasterte Gassen, historische Gebäude und im Vergleich zur Innenstadt erholsame Ruhe.

Auch mehrere Nobelpreisträger

Hier lebten, studierten und lehrten einige der bedeutendsten Denker der Stadt: Wissenschaftler, Philosophen und Schriftsteller. Das King's College gehört zum Campus der Universität von Aberdeen und auch heute werden hier Theologie, Kunstgeschichte und Religionswissenschaften gelehrt. Die Kapelle, die im Jahr 1498 erbaut wurde, soll ein Abbild des salomonischen Tempels in Jerusalem sein und gilt als die vollständigste mittelalterliche Kircheneinrichtung in Schottland.

Besonders ins Auge stechen die zwei Türme des Powis Gateway, die an ein Minarett erinnern. Die genaue Motivation für die orientalische Gestaltung des Gebäudes ist heute nicht vollständig klar. Wir wissen lediglich, dass der einstige Bauherr John Leslie of Powis ein Faible für morgenländische Kultur hatte, auf einem Porträt ließ er sich in türkischer Tracht verewigen. Der Volksmund hat jedoch einen ganz eigenen Namen für die Türme: *pepper pots* – und tatsächlich, wenn man es einmal gehört hat, kann man gar nicht anders als Pfefferstreuer zu sehen.

Total lokal

Unweit davon befindet sich mit dem Seaton Park eine der größten Grünflächen in Aberdeen. Hier finden auch die Trainingseinheiten des Aberdeen Football Club statt – einer der erfolgreichsten und beliebtesten Vereine in Schottland.

Ein Besuch in einem der urigen Pubs ist ein absolutes Muss. Besonders gemütlich ist die St. Machar Bar, wo Studierende aus aller Welt mit Einheimischen zusammentreffen, um einen Happen zu essen oder einen der über 100 Whiskys zu probieren.

Wo?

High St, Aberdeen AB24 3SW; St. Machar Bar: 97 High St, Old Aberdeen

Wann?

St. Machar Bar: täglich ab 11 Uhr

Wichtiges

Nach Sir David Gill, der Astronomie an der Universität von Aberdeen lehrte, sind zwei Krater – auf dem Mond und auf dem Mars – benannt.

Tiefenentspanntes Sonnenbaden: Am Strand der relaxten Robben.

Einmal Robbe sein und sich stundenlang die Sonne auf den Pelz scheinen lassen … Zugegebenermaßen haben die Meeressäuger in ihrem Alltag durchaus einiges zu tun: Kegelrobben sind wahre Akrobaten des Meeres – mit bis zu 35 Stundenkilometern gleiten sie durch die Wellen.

Entspannungskünstler

Doch wenn man das faszinierende Schauspiel verfolgt, das sich täglich am Newburgh Seal Beach nordöstlich von Aberdeen abspielt, könnte man fast meinen, dass das Leben als Robbe durchaus entspannt ist. Bei Ebbe liegen sie dort, wo der Fluss Ythan ins Meer mündet, auf den Sandbänken, um sich zu sonnen. Gelegentlich wird ein erfrischendes Bad genommen, aber im Großen und Ganzen wirkt alles recht stressfrei.

Mit dem Einsetzen der Flut nutzen die Robben geschickt die Strömung und lassen sich in den Fluss tragen. Später geht es wieder zurück ins Meer. Kurz verschwindet der Kopf unter Wasser und erst 100 Meter weiter sieht man ihn wieder auftauchen – wahre Meisterschwimmer eben.

Beachlife mal anders

Der als *Seal Beach* bekannte Strand ist einer der wenigen Orte in Schottland, an denen man die Tiere mit hoher Wahrscheinlichkeit sehen kann: Eine Kolonie von 400 Robben hat diesen Fleck als ihren Rückzugsort ausgewählt. Der Strand befindet sich entlang der North East 250 – eine rund 250 Meilen (400 Kilometer) lange Route, die oft als „Schottlands bester Road Trip“ bezeichnet wird.

Die Kolonie erstreckt sich entlang des Ostufers des Flusses, unterhalb der Sanddünen des Forvie National Nature Reserve. Der ideale Aussichtspunkt befindet sich auf der gegenüberliegenden Flussseite. Von dort aus beobachtet man das Naturspektakel mit respektvollem Abstand. Denn, trotz ihrer niedlichen Knopfaugen sind Robben Wildtiere, die nicht gestört werden sollten.

Besonders wenn sie an Land kommen, sei es zum Ausruhen, zur Flucht vor Feinden oder zur Jungenaufzucht, ist es wichtig, sie nicht zu erschrecken. Störungen könnten verheerende Folgen für die Tiere haben. Der Scottish Marine Wildlife Watching Code gibt Leitlinien für den richtigen und respektvollen Umgang.

Wo?
Beach Road, Newburgh
AB41 6BY

Wann?
Ein paar Robben sind fast immer da; mit Glück sogar mehrere hundert

Wichtiges
So verhält man sich richtig in der Anwesenheit von Robben: www.deutsches-meeresmuseum.de/wissenschaft/sichtungen/robbensichtung

Spirituelle Auszeit. In eine andere Welt eintauchen.

Eine der ungewöhnlichsten Attraktionen in Nordschottland und einzigartig in Großbritannien ist die Pluscarden Abbey, in der Nähe von Elgin gelegen. Es ist das einzige mittelalterliche Kloster in Großbritannien, das noch von Mönchen bewohnt und aktiv genutzt wird. Es wurde im Jahr 1230 vom schottischen König Alexander II. gegründet und befindet sich in geschützter Lage umgeben von bewaldeten Hügeln.

Ora et labora

Beim Betreten durch das Eingangstor fällt sofort die ruhige und friedvolle Atmosphäre auf. Gelegentlich begegnet man den Mönchen in ihren weißen Kutten, wie sie zwischen ihren religiösen Studien im Garten spazieren gehen. Ansonsten hört man nur das Vogelgezwitscher und ab und zu das sonore Brummen eines kleinen Mähroboters, denn – obwohl es auf den ersten Blick nicht so scheint –, befinden wir uns tatsächlich im 21. Jahrhundert.

Die benediktinische Gemeinschaft zählt etwa 20 Mönche, die ein kontemplatives Leben führen und die Messe mit gregorianischen Gesängen begleiten. Während die Wohnräume der Mönche für die Öffentlichkeit nicht zugänglich sind, können Besucher Teile der Abtei besichtigen, darunter die Hauptkapelle, und werden dazu eingeladen, an der Messe teilzunehmen.

Im Klosterladen gibt es neben allerlei Büchern und Devotionalien auch einen Balsam, der von den Mönchen nach traditioneller Rezeptur selbst hergestellt wird. Die Bezahlung erfolgt in einer Vertrauenskasse und sogar Kartenzahlung ist möglich.

Innere Einkehr

Für diejenigen, die tiefer in das klösterliche Leben eintauchen möchten, besteht die Möglichkeit, dies während eines mehrere Tage dauernden Aufenthaltes zu erfahren. Dabei haben die Gäste die Gelegenheit zu beten, zu lesen und zu arbeiten, genau wie es die Mönche tun. Dies ist sicherlich nicht für jeden etwas, da die Mönche täglich an bis zu neun Gottesdiensten teilnehmen, die um halb fünf Uhr morgens beginnen und in lateinischer Sprache gehalten werden.

Obwohl das Kloster ausschließlich von Männern bewohnt wird, haben auch Frauen die Gelegenheit, an den Exerzitien teilzunehmen. Für sie steht ein separates Gästehaus des Klosters zur Verfügung, in dem sie übernachten können.

Wo?

Elgin, Moray IV30 8UA

Wann?

Täglich von 4.30 Uhr bis 20.30 Uhr. Messe an Wochentagen um 9 Uhr, sonntags um 8 und 10 Uhr

Wichtiges

www.pluscardenabbey.org

Sich wie in Lappland fühlen und in freundliche Rentieraugen blicken.

Als der schwedische Rentierhirte Mikel Utsi in den 1940er-Jahren die Cairngorms besuchte, erinnerte ihn die Mischung aus Hochgebirgsplateau und weitläufigen Wäldern an seine Heimat Lappland. Nur eins fehlte: Die umherstreifenden Rentierherden, die dort zum typischen Anblick gehören. Hätte er diesen Ort 800 Jahre früher besucht, hätte er tatsächlich dieses Schauspiel erleben können. Ursprünglich waren Rentiere in Großbritannien heimisch und lebten frei in Schottland, bevor sie bis zu ihrer Ausrottung gejagt wurden.

Alte neue Heimat

Dass in den Cairngorm Mountains heute wieder mehr als 150 Rentiere leben, die auf einer Fläche von über 10.000 Hektar weiden, ist Mikel und seiner Frau Dr. Ethel Lindgren zu verdanken, die sich deren Wiederansiedlung zu ihrer Lebensaufgabe gemacht haben. Als Besucher hat man die Möglichkeit, den Tieren ganz nahe zu kommen, ohne sie in ihrer natürlichen Umgebung zu stören.

Beim so genannten „Hill Trip" – einer kurzen Wanderung, die auch für Familien mit Kindern gut machbar ist – begeben sich kleine Gruppen mit zwei Guides auf die Suche nach den Tieren. „Rentiere sind bestechlich, und zwar mit Essen", erzählt Andy. Sie hat sich einen Sack mit Futter über die Schulter geworfen und jeder Teilnehmer darf eines der weiblichen Tiere füttern – jedoch nicht streicheln, denn die halbwilden Tiere stibitzen zwar das Getreide aus der Hand, mögen es aber nicht, angefasst zu werden.

Rudolf gibt es wirklich

Holy Moly heißt die Rentierkuh, die sich mich als ihren Futterautomaten ausgesucht hat. Kurz schleckt sie über meine Hand, dann zieht sie auch schon wieder von dannen. Eine Weile dürfen wir uns noch in der Nähe der Herde aufhalten und erfahren dabei Faszinierendes über unsere tierischen Begleiter.

Zum Beispiel, dass sie Temperaturen von bis zu -70 °C aushalten können und ihre roten Nasen keine Erfindung der Unterhaltungsindustrie sind: Die Oberfläche der Rentiernase besteht aus einem Nasenschleim, der durch Blutgefäße ständig erwärmt wird. Dadurch wird die eindringende kalte Luft warm und lässt die Nase ab und an rötlich leuchten.

Wo?

Reindeer House, Glenmore, Aviemore PH22 1QU

Wann?

Ganzjährig nach Verfügbarkeit und außerhalb der Winterpause (siehe Website rechts)

Wichtiges

Die Tickets sind immer schnell ausverkauft, unbedingt online reservieren. Vorab die Vorgaben auf der Website beachten (Wanderschuhe, Regenausrüstung etc). www.cairngormreindeer.co.uk

Live dabei: Reise in Schottlands ländliche Vergangenheit.

In Museen wird oft die Geschichte von einflussreichen Persönlichkeiten erzählt, die den Lauf der Welt geprägt haben – seien es Herrscher, Kriegsführer oder Monarchen. Im Highland Folk Museum in Newtonmore ist das anders – es ist eine Hommage an die einfachen Menschen, die zwischen 1700 und 1950 in den Highlands gelebt haben. Auch für diejenigen, die nicht gerne ins Museum gehen, ist der Besuch eine absolute Empfehlung – ein museales Gefühl kommt hier gar nicht erst auf. Beim Schlendern durch die vier verschiedenen Bereiche des Museums hat man den Eindruck, nicht nur zuzuschauen, sondern direkt in vergangene Zeiten zu reisen.

Wie die Freilichtmuseen Skandinaviens

Das Highland Folk Museum wurde 1935 von Isabel Frances Grant als das erste Freilichtmuseum im Vereinigten Königreich eröffnet, damals noch auf der Isle of Iona. Ihre Recherchen und Sammlungen bildeten die Grundlage für dieses einzigartige Museum. Im Laufe der Jahre wuchs die Sammlung stetig und das Museum verlegte mehrmals seinen Standort, bis es schließlich Anfang der 1980er-Jahre seine endgültige Heimat im Spey Valley in Newtonmore fand.

Ganze Gebäude, charakteristisch für die Architektur der Highlands, erleben auf dem Museumsgelände eine Renaissance. In ihrem ersten Leben waren sie dem Verfall preisgegeben oder wurden abgerissen, um Platz für Neues zu schaffen. Zu den Highlights gehören eine alte Räucherei, eine Kirche, eine Schule, ein Postamt und eine Uhrmacherwerkstatt – bis ins letzte Detail eingerichtet. Es ist fast so, als wäre der letzte Arbeitsschritt erst vor ein paar Minuten ausgeführt worden, so authentisch wirken diese Orte.

Curling: ein schottischer Sport

Über 10.000 Objekte wurden hier zusammengetragen: von landwirtschaftlichen Geräten und Alltagsgegenständen über Möbel sowie Textilien bis hin zu den Werkzeugen traditioneller Handwerksberufe.

Es gibt noch viele weitere Schätze bei einer Sonderführung zu entdecken und zu erleben, darunter auch manches, was man vielleicht nicht direkt erwartet hätte: Für diejenigen, die schon immer eine beeindruckende Sammlung von Curling-Steinen sehen wollten – hier sind sie, akkurat aufgereiht in den Regalen.

Wo?

Aultlarie Croft, Kingussie Rd, Newtonmore PH20 1AY

Wann?

Ende März bis Ende Oktober, genaue Öffnungszeiten und Termine der Sonderführungen auf der Website www.highlifehighland.com/highlandfolkmuseum

Wichtiges

Der Eintritt ist frei, eine Spende wird gerne entgegengenommen.

Glamping mit Nessie. Abgeschiedenheit und Monsterjagd.

1871 erzählte ein Mann namens MacKenzie, dass er etwas im Nebel auf einem See treiben sah, das „so groß wie ein Boot" war. Die Legende von „Nessie" war geboren und hält bis heute an: 1,6 Millionen Besucher machen sich pro Jahr auf die Suche nach dem Seeungeheuer von Loch Ness im schottischen Hochland.

Dass man in einer der beliebtesten Regionen Schottlands einen Urlaub in absoluter Ruhe erleben kann, wissen dagegen die wenigsten. Ruth ist eine von ihnen. Sie kam vor 20 Jahren aus Wales hierher, ihr Herz voll Sehnsucht nach den „echten Highlands" und einem Leben im Einklang mit den Jahreszeiten und der Natur. Fündig geworden ist sie in Torness, einem abgeschiedenen Ort in der wilden, zerklüfteten Gegend von South Loch Ness. Hier lebt sie mit ihren Kindern, Hühnern sowie zwei walisischen Schweinen namens Nella und Mostyn und teilt dieses versteckte Paradies auch mit Gästen.

Meine Hütte, mein Sofa, mein Sternendach

Glen Dragon heißt der Glamping Pod, dessen Luxus genau in seiner Einfachheit liegt, gepaart mit einigen Annehmlichkeiten. Es ist alles da, was man braucht: eine gut ausgestattete Mini-Einbauküche, zwei Schlafzimmer und ein Wohnbereich mit Tisch und Stühlen. Nur eines gibt es nicht: einen Fernseher. Den braucht man auch nicht – der Blick auf die sanften Hügel ist nicht zu toppen. Umgeben von Natur, wo sich Fuchs und Hase buchstäblich gute Nacht sagen (und der Fasan auch noch ein Wörtchen mitzureden hat), darüber einer der klarsten Sternenhimmel, die man in ganz Schottland sehen kann.

Lage, Lage, Lage

Auch wenn es die Stille und Abgeschiedenheit sind, die den Reiz des Glens ausmachen, ist der Glamping Pod einfach zu erreichen, vorausgesetzt, man ist mit dem Auto unterwegs: Eine halbe Stunde ist es nach Inverness, der Hauptstadt der Highlands, wo es von einer viktorianischen Markthalle über Museen und Galerien bis hin zu veganen Cafés alles gibt, wonach man sich nach einer Zeit der Ruhe und Einsamkeit sehnen mag.

Um die Pirsch nach „Nessie" mit einem Picknick am Steinstrand von Loch Ness zu verbinden, muss man gerade mal zwölf Minuten fahren, die Ablegestelle der Loch-Ness-Cruises ist ungefähr eine Dreiviertelstunde entfernt und die beliebte Insel Skye erreicht man in gut zwei Stunden über die Skye Bridge.

Wo?

Torness, Inverness IV2 6TZ

Wann?

Nur mit dem Auto zu erreichen, entlang der Route nach Fort Augustus (oder Black Cab ab Inverness)

Wichtiges

Basic Internetzugang vorhanden, Handyempfang ist wetterabhängig. www.airbnb.com/rooms/51378852

»Sie kam vor 20 Jahren aus Wales hierher, ihr Herz voll Sehnsucht nach den „echten Highlands“ und einem Leben im Einklang mit den Jahreszeiten und der Natur.«

Bummeln, schlemmen und die Zeit vergessen in architektonischer Pracht.

Der „Bauch von Inverness" ist für einige Überraschungen gut. Je nachdem von welchem der vier Eingänge man in ihn hereinspaziert, findet man entweder eine traditionelle viktorianische Markthalle mit alten Geschäften oder einen modernen Food Court vor. So oder so: Nur wenige Schritte später geht das Eine in das Andere über. *The Victorian Market* in Inverness ist das perfekte Beispiel, wie alt und neu miteinander koexistieren und voneinander profitieren können.

Holz, Glas und Gusseisen

Der Markt, der erstmalig im Jahr 1870 – am Geburtstag von Queen Victoria – eröffnete, wurde gleich mehrmals neu gestaltet: Auf den kompletten Wiederaufbau nach einem verheerenden Brand im Jahr 1889 folgte 123 Jahre später eine behutsame Umgestaltung, bei der einige der zuvor verdeckten ursprünglichen Elemente wieder zum Vorschein kamen. Neben dem prächtigen Kuppeldach aus Holz und Gusseisen gibt es weitere sehenswerte Details: Stier- und Widderköpfe an den Rundbögen, eine viktorianische Marktuhr und pittoreske Ladenfassaden mit Bogenfenstern.

Wer besonders aufmerksam schaut, entdeckt am Eingangsbogen die abgewetzten Stellen: Die Markthändler nutzten den Sandstein, um daran ihre Messer zu schärfen.

Shoppen, schnacken, schnabulieren

The Victorian Market beherbergt ein Obst- und Gemüsegeschäft, eine Bäckerei und Metzgerei, einen Fischhändler, ein Sushi-Restaurant, einen Spirituosenladen, ein Süßigkeitengeschäft, Streetfood aus der Region und aus aller Welt sowie mehrere Cafés.

Neben Essen und Trinken kann man hier auch Souvenirs, Blumen, Schmuck und Kleidung kaufen, sich den Bart rasieren, die Schuhe flicken oder seine Hosen kürzen lassen. Was man hier garantiert nicht findet: Filialen großer Restaurant- oder Caféketten. Alle Geschäfte sind unabhängig und inhabergeführt – gerade in diesen Zeiten, die für den Einzelhandel nicht gerade leicht sind, ist das ein ganz großer Schatz, den es unbedingt zu bewahren gilt.

Wo?

Academy Street, Inverness, IV1 1JN

Wann?

Täglich ab 8 Uhr.
Geschlossen über Weihnachten sowie am 1. und 2. Januar

Wichtiges

An den Wochenenden gibt es des Öfteren Live-Musik und DJ-Sets. Termine und Infos unter www.thevictorianmarket.co.uk

Bagel & Biken: Dieses Fahrradcafé in Inverness hat eine Mission.

124 Tage, 10 Stunden und 50 Minuten. So lange dauert es, einmal um die Welt zu fahren. Zumindest wenn man Jenny Graham heißt und den Rekord dafür hält, die schnellste Frau zu sein, die ohne Unterstützung mit dem Fahrrad die Welt umrundete. Einen nicht unwesentlichen Anteil daran hat ein kleines Eckcafé in einer nicht so stark frequentierten Gegend in Inverness: im Velocity Café, so erzählt Jenny auf ihrer Website, fand sie ihre „Fahrrad Crew".

Als sie dort ein Projekt leitete, das Menschen zum Radfahren ermutigen sollte, entdeckte die Schottin eine neue Leidenschaft, die Jahre später dazu führte, dass sie in vier Monaten fast 30.000 Kilometer fuhr: den Ultra-Ausdauer-Radsport.

„Café zum platten Reifen"

Warum es gerade dieses Café sein sollte, war kein Zufall: Im Café-Nebenraum befindet sich eine Fahrradreparaturwerkstatt. Auch wenn man davon zunächst nichts weiß, bemerkt man beim Betreten sofort das grundlegende Thema: Ein Fahrrad hängt dekorativ von der Decke herunter und mehrere Gäste tragen Bike-Shorts.

Radeln, reparieren, rasten

Das Velocity Café ist mehr als nur ein Ort, um sich nach einer langen Fahrt zu stärken – es ist eine Gemeinschaft, die sich für einen nachhaltigen Lebensstil einsetzt. Von den liebevoll zubereiteten vegetarischen und veganen Speisen bis hin zu den fachkundigen Ratschlägen für die nächste Fahrradtour ist das Café ein Anlaufpunkt für alle, die die Schönheit der Natur auf zwei Rädern erleben möchten.

Damit zukünftige Generationen das noch möglichst lange erleben können, arbeitet man so klimaschonend und umweltfreundlich wie möglich. Dazu gehört auch, dass man seinen Kaffee *to go* günstiger bekommt, wenn man seinen eigenen wiederverwendbaren Becher mitbringt.

Natürlich ist es immer schöner, das Essen und Trinken direkt im Café zu genießen, statt es mitzunehmen. Während ich in den letzten Wochen mit dem Bus und Auto an Radfahrern vorbeigefahren bin, die die Berge hochstrampelten, hatte ich oft Mitleid mit ihnen. Nach meinem Besuch im Velocity Café hat sich ein Schalter umgelegt. Ich habe richtig Lust bekommen, aufs Rad zu steigen und mir Schottland zu erradeln. Mission erfüllt!

Wo?
1 Crown Ave, Inverness IV2 3NF

Wann?
Täglich geöffnet; Mo–Fr 10–15.30 Uhr, Sa 9–16, So 10–16 Uhr

Wichtiges
www.velocitylove.co.uk

Stöbern, schmökern, Zeit vergessen. Die Kathedrale für Bücherwürmer.

Ich bin inoffizielle Weltmeisterin im *Tsundoku* und jedes Mal, wenn ich nach Inverness reise, verteidige ich diesen Titel erfolgreich. Auch wenn es so klingt: *Tsundoku* ist keine asiatische Kampfsportart. Der japanische Begriff steht dafür, dass man Lektüre erwirbt, welche sich dann zu Hause stapelt, und darauf wartet, gelesen zu werden – und darin bin ich wirklich gut!

Zauberlehrlinge würden hier Bücher kaufen

In der „Highlands-Hauptstadt" Inverness sorgt die größte Secondhand-Buchhandlung Schottlands dafür, dass die Stapel von Bücherwürmern weltweit stetig wachsen.

Über 100.000 Bücher sind in dem zweistöckigen Laden untergebracht, die Regale scheinen sich unter ihrer Last zu biegen. Leakey's Bookshop als magisch zu beschreiben, ist keineswegs eine Übertreibung. Man kann sich lebhaft vorstellen, wie Harry Potters Hermine Granger mit wehenden Haaren die Wendeltreppe hinaufeilt, sich zwischen den Gängen verliert, ihre Nase in unzählige Bücher steckt und darüber völlig die Zeit vergisst.

Die Definition von *cosy*

Einen großen Teil des Zaubers von Leakey's macht der besondere Ort, an dem sich der Buchladen befindet, aus: Die alte gälische Kirche aus dem 17. Jahrhundert wurde mehrfach umgenutzt, bis Charles Leakey Mitte der 1990er-Jahre mitsamt seinen Büchern hier einzog. Die Leidenschaft der Leakey-Familie für das geschriebene Wort spürt man in jedem Winkel dieses vollgestopften Bücherlabyrinths. Das einstige Gotteshaus, an dessen Vergangenheit die Kanzel und die Buntglasfenster erinnern, hat sich in eine Kathedrale für Bibliophile verwandelt. Hier wird jeder fündig: Bücher übers Lachsfischen und antike Uhren, Erfahrungsberichte von Abenteurerinnen, Prousts „Auf der Suche nach der verlorenen Zeit" und eine beträchtliche Sammlung von Reiseführern über Schottland – manche davon so alt, dass man besonders behutsam mit ihnen umgehen muss.

Im Winter wird es bei Leakey's dann noch gemütlicher: Der Kamin wird angezündet und zum Geruch von tausenden von Büchern gesellt sich das Knistern der Holzscheite im Feuer.

Wo?

Church Street, Inverness IV1 1EY, schottische Highlands

Wann?

Montag bis Samstag von 10 bis 17.30 Uhr

Wichtiges

Wer in einer Gruppe von mehr als fünf Personen unterwegs ist, muss sich im Vorfeld anmelden. Informationen auf der Website www.leakeysbookshop.com.

Aberglaube und Herzenswünsche: Im Lumpenwald von Munlochy.

„Hänsel und Gretel verliefen sich im Wald" … dass das nicht unbedingt gut endete, wissen die meisten von uns. In einem Wäldchen auf der Black Isle steht zwar kein Haus aus Pfefferkuchen wie im Grimm'schen Märchen, es geschehen dort aber andere Dinge, die vielleicht etwas unheimlich wirken. Dabei steckt hinter dem, was dort zu finden ist, eine rührende Geschichte – und die Hoffnung, dass am Ende alles gut wird.

Den Wald vor lauter Stofffetzen nicht sehen

Eins vorweg: Die Gefahr des Sich-Verlaufens besteht im Munlochy Clootie Well nicht. Ein Wegweiser führt direkt von der Straße auf den kleinen Parkplatz am Waldrand. Ein paar Schritte weiter ist man schon mittendrin: in einem Wald, dessen Bäume mit Kleidung und Stofffetzen behängt sind. Sogar Kuscheltiere lugen etwas verloren zwischen den Blättern hervor. Wenn dann noch der Wind durch die Äste pfeift, wirkt dieser Anblick schon ein wenig gespenstisch.

Ritual und Hoffnung

Wer aber weiß, worum es hier geht, dem wird ganz warm ums Herz. Hinter dem Clootie Well verbirgt sich eine natürliche Quelle, dessen Wasser seit Jahrhunderten für Heilzwecke verwendet wird. Die Legende besagt, dass ein Wunsch in Erfüllung geht, wenn man ein Stück Stoff – ein *cloot* – mit dem Wasser der Quelle tränkt und danach an einen Baum bindet. Genauso, wie der Stofffetzen mit der Zeit verrottet, so soll sich auch die Krankheit oder schwierige Situation eines geliebten Menschen auflösen.

Vor einigen Jahren verschwand auf einmal ein Großteil der Gaben: Jemand hatte es zu gut gemeint und wollte die Natur von dem „Müll" befreien, zum Entsetzen vieler Anwohner, für die dieser Ort heilig ist. Heute füllt sich der Wald wieder mit Kleidungsstücken und guten Wünschen. Die örtlichen Ranger, die den Clootie Well betreuen, achten darauf, dass nur natürliche Materialien im Wald bleiben. Immer wieder findet man dort nämlich auch Kleidung aus Kunstfasern. Das ist nicht nur schlecht für die Umwelt, sondern führt auch den Sinn und Zweck ad absurdum: Wenn der Stoff nicht verrotten kann, dann klappt's auch mit der Genesung nicht.

Wo?

Ca. 18 Kilometer nördlich von Inverness auf der Landzunge Black Isle, direkt an der A832 Fortrose and Cromarty Road

Wann?

Rund um die Uhr begehbar

Wichtiges

In den Wäldern des Culloden Battlefield; auf dem Culloden Battlefield Trail gibt es mit St. Mary's Well einen weiteren Clootie Well.

Auf den Spuren von Charlie Chaplin am Strand spazieren.

Ich will mein Geld zurück. Feiner Sprühregen verteilt sich auf meinem Gesicht und durchtränkt allmählich meinen schottischen Schafwollpullover. Mit den Füßen versinke ich im nassen Sand und wenn ich mir die Wolken da oben anschaue, dann wird der restliche Tag nicht besser werden.

Wer Schottland verbunden ist, für den gibt es kein schlechtes Wetter. Selbst das Adjektiv *dreich* – für trüb, dunkel und nass – wird nicht ausschließlich negativ bewertet.

Sommerfrische

Doch jetzt befinde ich mich in Nairn und bin ein wenig beleidigt: Schließlich wird die Küstenstadt am Moray Firth als einer der sonnigsten und trockensten Orte Schottlands gepriesen, mit bis zu 1300 Sonnenstunden pro Jahr. Nur bekomme ich gerade davon nichts mit.

Der als „Brighton des Nordens" bezeichnete Fischerort ist seit Ende des 19. Jahrhunderts ein beliebtes Urlaubsziel, das in der Vergangenheit wie heute Hollywood-Prominenz anlockt: Stars wie Charlie Chaplin und Burt Lancaster schätzten die endlosen Sandstrände und die Ruhe abseits der Traumfabrik. Auch die schottische und international erfolgreiche Schauspielerin Tilda Swinton hat ihren Rückzugsort in Nairn – wenn man sie hier antrifft, dann garantiert bei einem ausgedehnten Strandspaziergang mit ihren Springer Spaniels.

Ohne Regen kein Regenbogen

Als sich die Wolken dann doch verziehen und ich mit einem Regenbogen belohnt werde, breitet sich auch vor mir der Reiz dieses Ortes aus: Das herrlich nostalgisch anmutende Strathnairn Beach Cafe, das Gassigeher, Spaziergänger, Beachboys und -girls mit Kaffee und Snacks versorgt, die malerischen Cottages in Fishertown, die Einkaufsstraße im Stadtzentrum mit ihren kleinen Läden, Schottlands vermutlich bestes Eis von James's, der kleine Fischer- und Yachthafen sowie die historische Seaman's Hall.

Nairn ist nicht nur ein Ort zum Sonnenbaden, sondern auch bei Wassersportlern und Golfspielern äußerst beliebt: Mit seinen zwei Championship-Golfplätzen, die sich jeweils am gegenüberliegenden Ende der Stadt befinden, und mehreren Plätzen in der näheren Umgebung, versucht Nairn den Ruf Aberdeens als Heimat des Golfsports herauszufordern.

Wo?

Nairn, IV12 4EA. 26 km nordöstlich von Inverness. Der Bahnhof Nairn liegt auf der Aberdeen-Inverness-Linie zwischen Forres und dem Flughafen Inverness.

Wann?

Im Mai ist es am sonnigsten, im Juli ist es am wärmsten (durchschnittlich 18 °C), im August regnet es am meisten. Wer Ruhe sucht, sollte vor oder nach der Sommersaison anreisen.

Wichtiges

Im Newton Hotel, in dem sich Charlie Chaplin mit seiner Familie eine ganze Etage mietete, kann man auch heute noch übernachten: www.muthuhotelsmgm.com/muthu-newton-hotel.html

Schottlands Happy Place: Wo das Glück an der Wäscheleine flattert.

Das Edinburgh von Inspector John Rebus hat nur wenig mit der pittoresken Stadt zu tun, die man in Reiseprospekten findet. Sein Edinburgh ist dunkel, korrupt und bedrohlich. Knapp vier Autostunden nördlich von Schottlands Hauptstadt entfernt liegt Cromarty. Die kleine Ortschaft auf der Halbinsel Black Isle gilt als „Schottlands Happy Place".

Bullerbü, aber in schottisch

Der Kontrast zu Rebus' Edinburgh könnte nicht größer sein: Schafe am Strand, flatternde Wäsche auf der Leine, gemütliche Pubs, weiß getünchte Fischerhäuschen und der Leuchtturm, in dem heute die Uni Aberdeen zu Meeressäugern forscht. Genau hier, in dieser Postkartenidylle, entsteht die düstere Welt des Inspector Rebus. Krimiautor Ian Rankin, der den legendären Ermittler erschaffen hat, findet in Cromarty die Ruhe und Muße, um seinen nächsten Bestseller zu schreiben. Gemeinsam mit seiner Frau wohnt er seit einigen Jahren – vor allem im Sommer – auf der Black Isle.

Starbucksfreie Zone

Cromarty gilt als die am besten erhaltene historische Stadt in den Highlands, der ganze Ort ist offiziell eine *conservation area*. Insgesamt sind 209 Gebäude denkmalgeschützt. Hier soll alles möglichst so bleiben, wie es ist, deshalb gibt es hier weder Kaffeeketten noch Schnellrestaurants. Wer hier etwas Neues bauen will, muss eine lange Liste an Auflagen erfüllen. Ein zusätzliches Fenster, eine Garage, eine Veranda, selbst für die Bemalung der eigenen Hauswand muss eine Genehmigung eingeholt werden.

Cromarty ist aber alles andere als ein Freilichtmusem. Einen wesentlichen Teil des Charmes macht das echte Leben, das hier noch stattfindet, aus. Und gerade dann, wenn man denkt, dass hier alles zu schön ist, um wahr zu sein, springen einem die ausrangierten Ölbohrplattformen vor der Küste brutal real ins Auge. Die *ghost rigs* rosten langsam vor sich hin. Es ist vermutlich genau dieser Kontrast, der die Fantasie von Ian Rankin so sehr beflügelt. Zu hoffen ist es, denn die Rebus-Fans warten sehnsüchtig auf neue Abenteuer des Inspectors.

Wo?

Von Inverness: Ungefähr eine Dreiviertelstunde nördlich mit dem Auto. Mit dem Bus ab Inverness Busbahnhof dauert die Fahrt ca. 1 Stunde.

Wann?

Die beste Reisezeit ist im Sommer, vor allem im Juli und August: Die Temperaturen sind mild und es regnet kaum.

Wichtiges

Im Sutor Creek (21 Bank Street) gibt es vom Michelin Guide empfohlenes Seafood und Pizza aus dem Holzofen. Ein tolles Mitbringsel sind die Kreationen der Töpferei Cromarty Pottery (Shore Street).

Tschüss, Tristesse: Invergordons bunter Mural Trail.

Beim Gedanken an die schottischen Highlands entstehen oft Bilder der typischen Szenerie: atemberaubende Landschaften, Highland-Rinder, majestätische Burgen und tiefe, dunkle Seen. Doch „Highland" ist mehr als das, was wir aus den Büchern von Diana Gabaldon und ihren Verfilmungen kennen. Der größte aller 32 Verwaltungsbezirke Schottlands ist auch durch Küstenstädte, Kraftwerke und andere industrielle Bauten geprägt.

Imageproblem

Invergordon ist so ein Ort. Die Stadt profitierte vom Ölboom in den 1970er-Jahren. So lange, bis die Ölkrise kam und aus der florierenden Stadt eine Problemstadt machte, mit all den Herausforderungen für ihre Bewohner. Der Abzug der Aluminium-Industrie in den 1980ern tat sein Übriges.

Invergordon steht nicht auf der typischen Reise-Bucket-Liste wie andere Orte der Region. Jährlich legen zwar 200.000 Kreuzfahrt-Passagiere hier an, doch viele von ihnen betreten kaum die Innenstadt. Stattdessen fahren sie direkt zu den Hauptsehenswürdigkeiten wie Loch Ness, Inverness und Culloden Battlefield.

Eine Frau, eine Vision

Diese Wahrnehmung soll sich ändern, entschied die Einwohnerin Marion Rhind. Vor über 20 Jahren hatte sie eine Vision: Durch die Schaffung riesiger Wandgemälde sollten Besucher nicht nur zufällig in ihre Stadt kommen, sondern sogar speziell dafür anreisen. Künstler aus der ganzen Welt stellten ihre Ideen vor. Gemeinsam mit den Vereinen vor Ort wurden letztendlich fünf von ihnen ausgewählt, ihre Konzepte umzusetzen.

Das Ergebnis präsentiert sich als Open-Air-Galerie *Off the Wall,* vergleichbar mit dem Mural Trail in Glasgow (Soul Place 32), jedoch mit eigenen Besonderheiten. Die dargestellten Motive sind eine Hommage an den Ort und seine Menschen: Feuerwehrmänner, Dudelsackspieler, Erinnerungen an das jährliche Highland Gathering, Schwimmerinnen, Rugby- und Cricketspieler sowie die für die Region typische Flora und Fauna. Die Gemälde sind weit mehr als nur hübsch anzuschauende Bilder. Vielmehr sind sie ein Aufruf: Schaut her, unsere Stadt besitzt eine spannende Persönlichkeit und ist zweifellos sehens- und besuchenswert.

Wo?

Invergordon IV18 0DR, ca. 20 km nördlich von Inverness

Wann?

Jederzeit frei zugänglich

Wichtiges

Übersichtskarte der Murals: www.invergordonoffthewall.org.uk

Auf den Spuren der Fischfrauen. 330 Stufen auf und ab.

Das Hoch- und Runterlaufen der 330 Treppenstufen der *Whaligoe Steps* ist ziemlich anstrengend, ich habe es selbst erlebt. Und jetzt stellen Sie sich einmal vor, Sie müssten dabei noch einen schweren Korb mit Fischen tragen, die Sie zuvor ausgenommen haben und anschließend noch über elf Kilometer weiterlaufen. Im 18. Jahrhundert sah der Alltag der „Fischfrauen" am Hafen von Whaligoe in der Grafschaft Caithness genau so aus. Sobald die Schiffe den Fang des Tages brachten, ging ihre Arbeit erst richtig los.

Fast kann man noch die Shanties hören

Der Whaligoe Haven, ein geschützter Naturhafen, wird von über 60 Meter hohen Klippen auf drei Seiten umgeben und ist erst sichtbar, wenn man die im Zickzack verlaufenden Stufen hinuntergeht.

Die Treppe stammt wahrscheinlich aus dem Jahr 1792. Am Fuße der Stufen können Besucher noch die Überreste des Salzlagers sehen, darunter ein Kessel, eine Feuerstelle und Teile einer verrosteten Seilwinde, mit denen die Fischerboote an Land gezogen wurden. Während im 19. Jahrhundert bei der Heringssaison im Sommer über 20 Fischerboote in Whaligoe anlegten, waren es hundert Jahre später nur noch zwei. Endgültig eingestellt wurde der Fischfang in den 1960er-Jahren.

Seitdem halten engagierte Freiwillige aus der Region die Treppe in Stand. Einer von ihnen ist Dave. Er ist eine lokale Ikone, lebt direkt an den *Steps* und teilt gerne sein Wissen über die Geschichte des Ortes – inklusive dem typischen *Scottish banter,* was man in etwa mit geistreicher Schlagfertigkeit beschreiben kann.

Weiche Knie

In direkter Nachbarschaft zu den Stufen gibt es eine weitere versteckte Attraktion, die man findet, wenn man sich nach links orientiert und einem Trampelpfad auf den Hügel folgt.

Die kurze Strecke ist nichts für schwache Nerven – bei heftigem Wind gibt es auf der schmalen Fläche keine Möglichkeit, sich an einem Geländer festzuhalten. Wer sich traut und trittfest ist, wird mit einem spektakulären Blick auf die Whaligoe Falls belohnt. Die ins Meer stürzenden Wassermassen bilden einen wunderschönen Wasserfall.

Wo?

Whaligoe, Lybster KW2 6AA. Der Ort ist nicht leicht zu finden, eine genaue Wegbeschreibung gibt es hier: https://adecentcupoftea.de/whaligoe-steps

Wann?

Am besten nicht bei Regen, die Stufen können sehr rutschig werden.

Wichtiges

Es gibt nur einige wenige Parkplätze. Bitte sich respektvoll bewegen: Der Zugang zu den Steps führt durch Daves Vorgarten.

Kurz und gut: Der kuriose Weltrekord am Ebenezer Place.

Das Küstenstädtchen Wick im äußersten Norden Schottlands, einst ein Wikingerdorf, erlebte im 19. Jahrhundert seine Blütezeit: Während des Heringbooms befand sich hier einer der geschäftigsten Heringhäfen Europas. Heute kann man Wick hingegen als verschlafen bezeichnen – wäre da nicht eine Sache, die den Ort weltberühmt macht.

Diese „Sache", das ist der Ebenezer Place: zwei Meter und sechs Zentimeter lang und damit offiziell die kürzeste Straße der Welt.

Shaquille O'Neal ist 7 cm größer

Seit 2006 darf sich die Ministraße mit dieser Auszeichnung rühmen, nachdem ein Mitarbeiter des Guinness-Buches der Rekorde persönlich überprüft hatte, ob alles seine Richtigkeit hat.

Steht man am Ebenezer Place, wirkt es zunächst nicht so, als befände man sich auf einer echten Straße – ist dies nicht einfach nur ein Platz an einer Kreuzung? Baurechtliche Vorgaben sind der Grund dafür, dass der Abschnitt zwischen der Union Street und der River Street als eigenständige Straße betrachtet wird. Dies ist dem einzigen Gebäude geschuldet, das diese Adresse trägt: Das 1883 erbaute Mackay's Hotel hatte bei seiner Fertigstellung vier Außenwände, von denen drei zu den umliegenden Straßen zeigten. Die vierte Fassade an der Kreuzung war somit sehr schmal. Und laut Gesetz hieß das: Sobald eine Hauswand mit Eingangstür und Fenster versehen ist, muss hierfür eine eigenständige Adresse vorliegen – und dafür muss es eine registrierte Straße geben. Daher wurde dem Hotelbesitzer angewiesen, an der kürzesten Seite das Schild „Ebenezer Place" anzubringen, der 1887 offiziell als Straße registriert wurde.

„Kurz" was trinken gehen

Heutzutage führt der Eingang an der kürzeren Seite des Gebäudes zum Hotelrestaurant No.1 Bistro. So kommt es, dass man in der kürzesten Straße der Welt nicht nur auf die Schnelle einen Schnappschuss fürs Fotoalbum machen kann, sondern auch übernachten, Haggis essen oder einen Whisky trinken.

Im Gegensatz zum Ebenezer Place hat die örtliche Whisky-Brennerei inzwischen ihren Rekordtitel verloren: War Pulteney bis vor Kurzem die nördlichste Brennerei auf dem schottischen Festland, so musste sie diesen Titel 2022 an die neue 8 Doors Distillery in John O'Groats abtreten.

Wo?

Ebenezer Place, Wick KW1 5ED

Wann?

Die Straße ist jederzeit frei zugänglich. Hotel und Restaurant siehe Website

Wichtiges

www.mackayshotel.co.uk

Ruinen als Zeugen einer bewegten Geschichte.

Geld, Macht, Erbstreitigkeiten und erbitterte Kämpfe zwischen zwei Clans: Die Geschichte des Castle Sinclair Girnigoe hat alles, was man von einem epischen Historiendrama erwartet. Die Ruinen dieser einst mächtigen Festung thronen majestätisch über den Klippen der Sinclair Bay in Caithness, dem nordöstlichsten Teil des schottischen Festlands.

Blutige Vergangenheit

Von den Ursprüngen des ersten Gebäudes aus dem 14. Jahrhundert existieren heute nur noch einige Grundmauern. Das Castle wurde stetig erweitert, wobei der Besitz zwischen den Sinclairs und den Campbells wechselte. Eine der Schlüsselfiguren um die Vorherrschaft in der Region war „Wicked George" Sinclair, der fünfte Earl of Caithness. Der streitbare Earl war ständig in Auseinandersetzungen mit seinen Nachbarn verwickelt.

Zwei Generationen später sorgte sein Enkel, der siebte Earl of Caithness, dafür, dass die Burg bis heute nur noch als Ruine existiert: Wieder mal war das Castle in den falschen Händen, wieder einmal sollte es zurückerobert werden. Das gelang mit Hilfe schwerer Geschütze, doch die Kanonen schlugen nicht nur die Verteidiger in die Flucht, sondern zerstörten auch das einst imposante Castle Sinclair Girnigoe. Die Burg war seitdem dem Verfall preisgegeben: Starke Winde und die Küstenerosion forderten ihren Tribut, und Teile der Burg stürzten ins Meer.

Liebevolle Pflege

Dass Besucher heute noch einen Eindruck davon bekommen können, wie das Castle Girnigoe im Laufe der Jahrhunderte ausgesehen hat, ist dem Clan Sinclair Trust zu verdanken. Die Wohltätigkeitsorganisation der Familie kümmert sich um die Restaurierung der Anlage, die bis heute andauert. Auf Schildern rund um die Ruine wird das frühere Aussehen veranschaulicht, bis ins kleinste Detail.

Durch die meisten noch existierenden Bestandteile der Burg kann man sich frei bewegen, manche hingegen sind aus Sicherheitsgründen abgesperrt. Besonders stimmungsvoll ist es an schönen Tagen rund um die goldene Stunde, wenn die letzten Sonnenstrahlen die Steine in ein unwirkliches Licht tauchen und man glaubt, sich direkt in einer Episode von *Game of Thrones* zu befinden.

Wo?

Ungefähr 5 Kilometer nördlich von Wick, KW1 4QT. Von Wick den Schildern nach Staxigoe Richtung Osten folgen, bis die Hinweisschilder zum Castle erscheinen.

Wann?

Durchgängig geöffnet

Wichtiges

Eintritt frei, Spendenbox am Gatter. Gute Parkmöglichkeiten, über Nacht parken allerdings nicht erlaubt.

Die vielleicht schönste Zugstrecke – auf in den hohen Norden!

„Durch Schottland mit dem Zug? Na, da wirst du das Beste aber verpassen!" Diesen Satz bekommt man oft zu hören, wenn man anderen Menschen davon erzählt, dass man seinen Schottlandurlaub ohne Auto plant.

Schottland auf der Schiene

Zugegeben, manche entlegenen Orte erreicht man mit den öffentlichen Verkehrsmitteln nicht immer so gut, vor allem außerhalb der Hauptsaison, wenn die Taktung nicht ganz so häufig ist. Aber beim Zugreisen geht es ja so oft um etwas anderes: Das viel zitierte „der Weg ist das Ziel" trifft hier zu 100 % zu.

Im Vereinigten Königreich hat man die Qual der Wahl, wenn es um Zugstrecken mit atemberaubender Szenerie geht. Die vielleicht berühmteste von allen, die West Highland Line, kann man entweder mit dem historischen Dampfzug Jacobite Steam Train oder der regulären Bahn erleben.

Ein Wow-Moment nach dem anderen

Mindestens genauso spektakulär ist der Blick aus dem Zugfenster bei einer Reise mit der Far North Line. Die etwa vierstündige Fahrt führt entlang der Nordseeküste von Inverness nach Thurso und anschließend weiter nach Wick. Auf der Strecke liegen hunderte von Kilometern mit abwechslungsreichen Aussichten: typisch schottisches Farmland, Moore und Küsten, Whiskydestillerien, einsame Cottages und herrschaftliche Schlösser.

Man kann die Fahrt mit der Far North Line auf zweierlei Weisen angehen: Entweder man genießt die vorbeiziehende Landschaft als ein für sich allein stehendes Event oder man sucht sich auf der Strecke verschiedene Zwischenstopps aus, an denen man länger verweilt. Das Dunrobin Castle hat sogar einen eigenen Bahnhof – vom Zugabteil in das Schloss an Ostlands Westküste sind es nur ein paar wenige Schritte. Der Stammsitz des Clan Sutherland kann von April bis Oktober bei einer Führung besichtigt werden, der dazugehörige Schlosspark das ganze Jahr über.

Weitere sehenswerte Halte auf der Strecke sind das Städtchen Tain mit der Kathedrale aus dem 13. Jahrhundert und Invergordon mit seinen beeindruckenden Wandmalereien (Soul Place 69).

Thurso, die vorletzte Station der Bahnlinie, ist gleichzeitig der nördlichste Bahnhof des schottischen Festlandes.

Wo?

Start: Bahnhof Inverness, Academy St, IV2 3PY; Ende: Bahnhof Wick KW1 5LB

Wann?

Besonders schöne Ausblicke aus dem Zugfenster gibt es im Herbst, wenn sich die Blätter an den Bäumen färben.

Wichtiges

Weiterführende Informationen zur Geschichte: www.fofnl.org.uk; Zugtickets: www.scotrail.co.uk; der Jacobite Steam Train fährt auf unbestimmte Zeit nicht mit den originalen Waggons.

Wie Hawaii, nur ohne Palmen. Dafür mit rauem Surfspot.

Ehrlich gesagt, hatte ich mir Hawaii anders vorgestellt. Bei meinem Spaziergang durch die Innenstadt von Thurso mag sich das Aloha-Gefühl nicht einstellen, nicht zuletzt aufgrund des Wetters – ein Regen, der von allen Seiten auf mich einprasselt und meinen Blick etwas trübt.

Faszinierende Geschichte

Selbst beim Betrachten historischer Gebäude wie der Ruine der Old St. Peter's Church oder Thurso Castle macht es nicht so richtig „klick".

Und dann erfahre ich von meinen Gastgebern, dass man mit Thurso vor allem auch den „schnellen Brüter von Dounreay" verbindet, einen Atomreaktor, der bis zu seiner Stilllegung in den 1970er-Jahren der größte Arbeitgeber der Region war. Im ehemaligen Rathaus erfährt man mehr darüber und hat dabei die Möglichkeit, im nachgebauten Kontrollzentrum das ein oder andere Knöpfchen zu drücken.

Riffakrobaten im eiskalten Wasser

Warum Thurso als das „Hawaii des Nordens" gilt, verstehe ich endlich, als ich mich aus der Fußgängerzone hinaus und hinunter zum Strand begebe: Thurso East ist ein weltbekannter Kaltwasser-Reef-Break.

Wem das wie mir auf den ersten Blick nichts sagt: Dabei handelt es sich um einen Surf Spot, bei dem sich die Wellen über einem Riff brechen. Und genau daran misst sich die weltweite Surfer-Elite bei den internationalen Wettbewerben, die hier regelmäßig stattfinden.

Die beste Zeit zum Surfen in Thurso ist zwischen Oktober und April, wenn das kalte Wasser durch einen eisigen Strom noch kälter wird, der aus dem Flow Country den Fluss Thurso hinunterfließt. Genau dann ist auch die beste Zeit, um wagemutige Surfer dabei zu beobachten, wie sie die großen Wellen reiten und immer wieder von ihnen überrollt werden. Ein sehenswertes Spektakel, auch für wasserscheue Beobachter, die lieber warm und trocken an Land bleiben.

Um genau zu sehen, was vor sich geht, empfiehlt es sich, Ferngläser dabei zu haben. Es ist nämlich nicht immer klar, ob es sich bei den Wellenreitern um Surfer oder um Schwertwale handelt, die man mit etwas Glück ebenso in der Bucht von Thurso beobachten kann.

Wo?

Thurso East, KW 14 8HW

Wann?

Am besten zwischen Oktober und April vorbeischauen, um die Surfer zu beobachten

Wichtiges

Bei North Coast Watersports gibt es Ausrüstung und Surf-Anfängerkurse: www.northcoastwatersports.com

Schlafen wie ein König, träumen wie Queen Mum.

Ob die Kühe wissen, an welch illustrem Ort sie weiden? Ihrem unbeeindruckten Wiederkäuen nach zu urteilen, ist es ihnen egal, dass sie ihre Mahlzeiten auf den Ländereien des Ortes einnehmen, der ein Sehnsuchtsort für die britische Königsfamilie ist.

Ein Schloss zum Schnäppchenpreis

Queen Mum, die Großmutter des heutigen Königs Charles III., erwarb das Castle of Mey im äußersten Nordosten Schottlands in den 1950er-Jahren. Mit Schottland verband sie glückliche Kindheitserinnerungen: Ihre ersten Jahre verbrachte sie auf Glamis Castle, dem Stammsitz ihrer Familie. Mit dem Kauf des Schlosses – übrigens die einzige Immobilie, die ihr selbst gehörte – schuf sie neue Erinnerungen für ihre eigenen Kinder und Enkelkinder. Über den Preis, den die Königinmutter für das Schloss bezahlt hat, gibt es verschiedene Angaben: Hat sie es geschenkt bekommen, hat es 100 britische Pfund gekostet? Fakt ist: Auf den Schnäppchenpreis folgten erhebliche Investitionen für die Renovierung, mit der das Castle vor dem drohenden Verfall gerettet wurde.

Die malerischste Autogarage Schottlands

Idyllisch eingebettet zwischen dem Castle of Mey und dem Pentland Firth liegt The Granary Lodge. Das Gebäude hatte in der Vergangenheit mehrere Funktionen: Es diente als Kornspeicher, als Stall und sogar als Garage für den Fuhrpark von Queen Mum.

Seit 2019 ist The Granary Lodge ein luxuriöses Bed & Breakfast mit zehn individuell gestalteten Zimmern. Der heutige König Charles III. ließ es sich nicht nehmen, die Lodge einzuweihen – in seiner Funktion als Präsident des *The Queen Elizabeth Castle of Mey Trust,* dem das Gebäude mittlerweile gehört.

In allen Räumlichkeiten ist die persönliche Handschrift von Queen Mum zu erkennen. Der klassische Stil, der sich an die Einrichtung des Castle of Mey anlehnt, spiegelt die besondere Beziehung zwischen dem Schloss und der Königinmutter wieder. Wer das nötige Kleingeld hat (Übernachtungen kosten ab ca. 250 £/314 €), kann sich damit rühmen, König Charles seinen Gastgeber zu nennen – und ihn vielleicht auch einmal anzutreffen, wenn er seinen Urlaub traditionsgemäß im Castle of Mey verbringt.

Wo?

Castle of Mey, Thurso, Grafschaft Caithness; The Granary Lodge: direkt hinter dem Schloss

Wann?

Castle of Mey: offen von Mai bis September (14 Tage Sommerpause im Juli/August).
The Granary Lodge: buchbar vom 1. April bis 31. Oktober

Wichtiges

Im Zimmer Nr. 10 hat man einen Premiumblick auf das Castle of Mey, vom Fenster des Zimmers Nr. 8 schaut man auf den Pentland Firth.
Buchung: www.castleofmey.org.uk/hospitality/granary

Leuchtturmwärter auf Zeit. Die Farben des Himmels beobachten.

Bella gibt ihr Bestes, um sich mit Tilly anzufreunden, doch Tilly begegnet ihren unermüdlichen Annäherungsversuchen mit lakonischer Gleichgültigkeit. Die beiden sind dauerhafte Bewohner eines Leuchtturms, der sich in der traumhaft schönen Lage von Noss Head im Nordosten von Schottland befindet. Die junge Neufundländer-Hündin Bella erobert die Herzen der Besucher im Sturm, während Katze Tilly die coole Chefin des Noss Head Lighthouse ist. Mit ihren menschlichen Mitbewohnern Ben und Stephen teilen sie sich das Haupthaus des Leuchtturms.

Himmlische Farben

Das angrenzende Häuschen, einst die Residenz des Leuchtturmwärters, vermieten sie an Gäste. Der Leuchtturm ist zwar noch voll funktionsfähig, wird jedoch von Edinburgh aus gesteuert, weshalb hier auch genügend Platz für alle ist, die schon immer einmal davon geträumt haben, Leuchtturmwärter auf Zeit zu sein.

Das Cottage – mit drei Schlafzimmern und Platz für bis zu sechs Personen – ist ein helles und gemütliches Zuhause. Es liegt auf einer Landzunge und ist auf drei Seiten vom Meer umgeben. Aus dem Küchenfenster heraus hat man einen Premiumblick auf das nahe gelegene Castle Sinclair Girnigoe (Soul Place 72). Überhaupt ist diese Aussicht auf die Sinclair Bay, mit Himmelsfarben, die sich hier zu jeder Jahres- und Tageszeit ändern, atemberaubend!

Inspirierende Lichtspiele

Die Augen von Ben leuchten, als sie von den tanzenden Polarlichtern erzählt, die in klaren Nächten zwischen März und September häufig zu sehen sind. Um dieses einmalige Erlebnis zu genießen, muss man nicht einmal das Haus verlassen – man kann sie vom Cottage aus sehen.

Der Blick aus dem Fenster ist auch ohne Nordlichter eine Augenweide. Wenn das warme Licht der goldenen Stunde in einen spektakulären, orangefarbenen Sonnenuntergang übergeht, oder wenn sich mal wieder ein Regenbogen über den kleinen Teich vor dem Leuchtturm spannt.

Es ist tatsächlich kaum zu glauben, dass der Leuchtturm und die benachbarte Burgruine immer noch versteckte Juwelen sind. Tilly wird das nicht sonderlich stören – Bella, Ben und Stephen hingegen freuen sich auf Gäste.

Wo?

Noss Head, Wick KW1 4QT

Wann?

Ganzjährig buchbar

Wichtiges

Hunde sind im Cottage willkommene Gäste!
www.lighthousekeeperscottage.co.uk

Wo die Hexe ihren Hut verloren hat: Kleine Küstenwanderung zu den Stacks.

Hexen halten sich beim Fliegen am Besenstil fest – da kann es schon einmal vorkommen, dass ein kräftiger Wind den Hut vom Kopf hinunterweht. Wer sich schon einmal an der nordöstlichsten Spitze Schottlands den Elementen ausgesetzt hat, kann das gut nachvollziehen.

Ins Meer gefallen

Nur ein paar wenige Kilometer von der Touristenattraktion John o' Groats entfernt kann man den Hexenhut finden – im Meer vor den rauen, wunderschönen Klippen von Duncansbay Head. Der *Witches' Hat* heißt einer der beiden zerfklüfteten Felsnadeln, die als *Stacks* bekannt sind.

Über 60 Meter ragen sie aus dem Meer heraus und der größere von ihnen, konsequenterweise als *Great Stack* bekannt, überragt in seiner Höhe sogar die Klippen des Festlands. In perfekter Harmonie mit dem Felsbogen *Thirle Door* bilden sie eine Trilogie, die gerade zum Sonnenuntergang atemberaubende Motive bietet. Geformt wurden die Sandsteinpyramiden durch die jahrtausendelange Wechselwirkung von Verwitterung und Erosion und der Prozess geht weiter: Irgendwann wird sie vielleicht ein ähnliches Schicksal ereilen wie das Felsentor der maltesischen Insel Gozo, das 2017 während eines Sturms eingestürzt ist und vom Meer verschluckt wurde.

Flugkünstler

Bis es einmal so weit kommen könnte, bleibt aber genügend Zeit, um die *Stacks* während einer gut dreieinhalb Kilometer langen Küstenwanderung zu bestaunen. Ausgangspunkt der Tour ist das Duncansby Lighthouse – übrigens einer von nur wenigen rechteckigen Leuchttürmen in Schottland.

Im Laufe derer begegnet man auch noch einem weiteren Wunderwerk der Natur: das dramatische *Geo of Sclaites.* In den Klippen hat sich hier eine riesige Spalte gebildet, durch die zwar keine Hexen, dafür aber andere talentierte Luftakrobaten sausen: tausende von Vögeln, die sich im Frühling hier zum nisten niederlassen.

Wo?

John o' Groats, Wick KW1 4YS

Wann?

Die Wanderung kann man das ganze Jahre über machen.

Wichtiges

Parken ist am Duncansby Head Lighthouse möglich.

Touristenfalle & Selfie Spot. Und am Ende trinkt man Whisky.

Herzlich willkommen am Ende von Schottland: John o' Groats wird oft als der nördlichste Punkt auf dem schottischen Festland wahrgenommen, ist er aber nicht: Diese Auszeichnung gebührt dem ungefähr 23 Kilometer entfernten Dunnet Head. Stattdessen kann der kleine Ort mit zwei anderen Superlativen punkten: Er ist das nördlichste Dorf sowie der Endpunkt der längsten Strecke zwischen zwei bewohnten Orten auf dem britischen Festland, mit dem 1.410 Kilometer entfernten Land's End in Cornwall als Gegenpol.

Souvenirs, Souvenirs

Das ist es auch schon, was den Reiz der Attraktion ausmacht, für die jährlich über 100.000 Touristen aus aller Welt hierhin pilgern: Sie kommen, um ein Selfie unter dem berühmten Wegweiser zu machen, ein Eis zu essen und eine Postkarte zu verschicken, die mit dem einzigartigen John o' Groats Poststempel versehen wird. Man könnte diesen kuriosen Ort leicht als Touristenfalle abtun, denn viel mehr gibt es hier nicht.

Am Ende wartet ein Whisky

Das ist natürlich nur die halbe Wahrheit, denn in den letzten Jahren hat sich hier einiges getan: Das legendäre, jedoch etwas heruntergekommene Hotel *The Inn at John O'Groats* (früher als John O'Groats Hotel bekannt) wurde aufwendig renoviert und mit einem Anbau aus bunten Häuschen im nordischen Stil erweitert. Ein echtes Highlight ist die 8 Doors Distillery, die im September 2022 erstmalig ihre Tore öffnete und damit Pulteney in Wick den Titel als Schottlands nördlichste Whisky-Brennerei abgeluchst hat. Das junge Gründerpaar Kerry und Derek Campbell hat an dem Ort, an dem beide aufgewachsen sind, seinen Traum verwirklicht: Eine Whiskydestillerie am Ende des legendären Fernwanderwegs John o' Groats Trail mit einem spektakulären Ausblick über den Pentland Firth.

Zwei bis drei Monate dauert die gesamte Wanderung auf dem John o' Groats Trail von Süden nach Norden – auf Wanderwegen beläuft sich die Strecke auf fast 2.000 Kilometer. Dass am Ende dieser Tour nun ein *wee dram* – ein Gläschen Whisky – wartet, ist fürs Durchhalten sicher förderlich.

Wo?

John o' Groats, Wick KW1 4YR, Highlands

Wann?

Der Ort ist ganzjährig jederzeit begehbar.

Wichtiges

Informationen und Öffnungszeiten der 8 Doors Distillery unter www.8doorsdistillery.com

Das Pompeji Schottlands. Tiefe Einblicke in Orkneys Herz.

Auf Orkney ist man raues Wetter gewöhnt. Mit durchschnittlich 14.3 Knoten Windstärke belegt das Archipel Platz zwei in Schottland, nur die Shetlandinseln sind noch stürmischer. Der Sturm, der 1850 über die Insel fegte, war noch heftiger als viele zuvor. Er forderte einige Leben, brachte jedoch gleichzeitig etwas anderes zutage, das jahrtausendelang unter den Dünen verschüttet war: das Steinzeitdorf Skara Brae.

Einmal Indiana Jones sein

Ein Dorfbewohner war es, der die Ruinen entdeckte, die heute zu den bedeutendsten prähistorischen Stätten weltweit zählen. Skara Brae ist die am besten erhaltene Siedlung in Europa, seit 3100 v. Chr. war sie für über 600 Jahre lang bewohnt. Gemeinsam mit drei weiteren Orten wird das *Heart of Neolithic Orkney* von der UNESCO als Weltkulturerbe geschützt. Bei einer Tour durch die einstigen Wohnhäuser kann man immer noch Teile der Einrichtung erkennen: Kommoden, Betten, sogar Toiletten.

Mindestens genauso faszinierend ist die Geschichte von Maes Howe, einem großen Kammergrab aus der Jungsteinzeit. Bei der Führung steht man fast eine Stunde lang in der dunklen Grabkammer, nur hin und wieder erleuchtet durch den Strahl der Taschenlampe des Tourguides. Dennoch ist es keine Sekunde langweilig: Man erfährt dabei die ein oder andere Überraschung und versteht, woher die *Orcadians* ihre Kreativität haben, für die sie so bekannt sind.

Mystische Steinkreise

Nur vier Kilometer von Maes Howe entfernt befindet sich mit dem Ring of Brodgar ein weiteres steinzeitliches Monument. Mit einem Durchmesser von über 100 Metern ist der Steinkreis sogar größer als Stonehenge. Gerade wenn es feuchtneblig ist (und das ist es in Orkney ziemlich oft), wirkt der Zauber dieses Ortes besonders stark, auch wenn von den einst 60 Steinen nurmehr 27 erhalten sind.

Einen kleinen Spaziergang weiter befinden sich die Stones of Stenness, einer der frühesten Steinkreise Großbritanniens. Beliebt sind sie nicht nur bei den zigtausenden von Besuchern, die jährlich kommen, sondern auch bei den Schafen der Insel: Sie nutzen die Steine gerne als Windschutz.

Wo?

Orkney, Hauptinsel Mainland. Skara Brae: Orkney Westküste, Sandwick, Stromness KW16 3LR; Stones of Stenness, Ring of Brodgar & Maes Howe: nahe Insel-Hauptstadt Stromness

Wann?

Skara Brae & Maes Howe: ganzjährig zu den Öffnungszeiten zugänglich, Tickets vorab reservieren.
Stones of Stenness & Ring of Brodgar: ganzjährig zugänglich, Eintritt ist frei.

Wichtiges

Wer kann, sollte Maes Howe in den sechs Wochen rund um die Wintersonnenwende gegen 14 Uhr besichtigen: Nur dann fällt das Sonnenlicht durch den schmalen Korridor und erhellt die Kammer.

Eine jahrhunderte-alte Tradition neu belebt: Ein Atelier-besuch.

Es sind seine Handflächen, an deren Rauheit man erkennt, dass er viel mit ihnen arbeitet. Einen scheinbaren Widerspruch dazu bilden seine feingliedrigen Finger. Kevin Gauld benötigt für sein Handwerk beides: kräftige Hände, die Holz bearbeiten können und geschickte Finger, die dünne Halme zu einem Korbgeflecht verbinden. Als *The Orkney Furniture Maker* dreht sich bei ihm alles um traditionelle Möbel, die momentan wieder sehr gefragt sind – allen voran der *Orkney Chair.* Bei einem Besuch im Atelier kann man dem Möbelmacher über die Schulter schauen und davon träumen, wie sich das exklusive Möbelstück im heimischen Wohnzimmer machen würde.

Windgepeitscht und sturmerprobt

Um zu verstehen, was an diesem Sitzmöbel so besonders ist, dass es in den vorherigen Jahrhunderten in fast jedem Haushalt zu finden war, muss man einmal auf Orkney gewesen sein. Der Archipel vor der schottischen Nordküste ist vor allem für zwei Dinge bekannt: die Monumente und Siedlungen aus der Steinzeit sowie ein ozeanisches Klima mit viel Regen und starkem Wind. Man sagt, dass die *Orcadians* umfallen würden, wenn es plötzlich windstill wäre: Weil sie in ständiger Schräglage stehen, um sich gegen die Sturmböen zu stemmen.

Die Insel der Kreativen

Die besondere Form des Stuhls mit niedriger Sitzhöhe und hoher, geflochtener Lehne war perfekt, um am Feuer zu sitzen und sich nach einem feuchtkalten Tag den Rücken zu wärmen. Doch woraus macht man Stühle auf einer Insel, auf der es keine natürlichen Wälder gibt? Die Menschen auf Orkney sind kreativ: Die Beine fertigten sie aus Treibholz, für den Rest wurde Stroh von den örtlichen Feldern verwendet.

Seit über 25 Jahren stellt Kevin maßangefertigte Stühle her. Bis zu 100 Stunden Handarbeit fließen in einen Stuhl, für dessen Rückenlehne sieben Garben lokal angebauten Hafers verwendet werden. Nachdem der *Orkney Chair* fast schon vom Aussterben bedroht war, ist er heute gefragt wie nie: Die weiteste Reise führte einen Stuhl sogar bis nach Australien. Eine neue Generation von Möbelmachern wie Kevin zeigt, wie zeitgemäß das Bewahren von lokalen Traditionen ist.

Wo?

Atelier und Werkstatt: Work Rd, St Ola, Kirkwall KW15 1UF

Wann?

Montag bis Freitag 9–17 Uhr. Weitere Informationen auf der Website von Kevin Gauld: www.orkneyfurniture.co.uk

Wichtiges

Auf dem *Creative Orkney Trail,* der über 25 Stationen umfasst, kann man die auf der Insel ansässigen Kunsthandwerker und Designer entdecken. Übersichtskarte: www.orkney.com/things/crafts/trail

Hier ist mein Soul Place

Reise Know-How Verlag

Haben Sie durch Soul Places neue Lieblingsorte entdeckt?

Dann schreiben Sie uns – wir freuen uns über Feedback und Fotos!

soulplaces@reise-know-how.de

@reiseknowhowverlag

@ReiseKnowHow

Foto: AdobeStock, shaiith

Impressum

Sandra Wickert
Soul Places Schottland – Die Seele Schottlands spüren

Soul Places ist eine Marke von
Reise Know-How Verlag Peter Rump GmbH,
Osnabrücker Str. 79, 33649 Bielefeld
Deutschland, +49-521-946490
info@reise-know-how.de

1. Auflage 2024

ISBN 978-3-8317-3865-6

Druck und Bindung: Druck- und Verlagshaus Zarbock GmbH & Co. KG, Frankfurt am Main

Idee & Konzept: Wayan Rump
Gestaltung und Bearbeitung: der Verlag, Anna Hildebrandt

Fotonachweis: Cover AdobeStock, Helen Hotson | Umschlagsklappe Anja Müller | Soul Place 3: (oben 1, links unten 2, rechts unten 3) The Three Chimneys | 4: (4) Adobe Stock, alina | 6: (1, 2, 3) Leonie Gillies | 11: (1) Adobe Stock, Erik_AJV, (2) Adobe Stock, Katarina Tauber, (3) Conni Baumann | 12: (1) Adobe Stock, hajo100, (2, 3) Conni Baumann | 14: (1, 2, 3) Synke Nepolsky | 15: (2) Adobe Stock, Hugo | 20: WildLuing | 21: (1, 2, 3) Denise Cirkvenčić | 23: (1, 2, 3) Val Sheperd | 24: (1, 2, 3) Jochen Laube | 30: (1) Mackintosh at the Willow, Rachel Keenan | 34: (2) Scottish Canals | 37: (1) Adobe Stock, Loclocphotography/Wirestock Creators, (2) Denise Cirkvenčić, (3) Adobe Stock, Benjamin Gardnerhall/Wirestock Creators | 38: (1) Richard Chalmers | 44: (2) AdobeStock: Dawid | 49: (1, 2) Greg Holmes, (3) Adobe Stock, Archivist | 51: (1, 2, 3) The Fife Arms – Sim Canetty Clarke | 54: (1) Adobe Stock, TTstudio, (2) Adobe Stock, Markus Keller | 56: (3) Mount Café | 58: (1, 2, 3) Synke Nepolsky | 61: (1) Highland Folk Museum, High Life Highland, (2, 3) Denise Cirkvenčić | 64: (3) Velocity Café | 74: (1) Studiograff photography | 77: (3) Adobe Stock, catuncia | 81: Adobe Stock, shaiith
Alle weiteren Bilder: Sandra Wickert

Bibliografische Information der Deutschen Nationalbibliothek
Die Deutsche Nationalbibliothek verzeichnet diese Publikation in der Deutschen Nationalbibliografie; detaillierte bibliografische Daten sind im Internet über http://dnb.dnb.de abrufbar.

Reise Know-How-Bücher finden Sie in allen gut sortierten Buchhandlungen. Falls nicht, kann Ihre Buchhandlung unsere Bücher hier bestellen:
D: Prolit, prolit.de und alle Barsortimente
A: Freytag-Berndt und Artaria KG, freytagberndt.com
CH: AVA Verlagsauslieferung AG, ava.ch
B, LUX, NL: Willems Adventure, willemsadventure.nl
oder direkt über den Verlag:
www.reise-know-how.de

Wir freuen uns über Kritik, Kommentare und Verbesserungsvorschläge, gern per E-Mail an info@reise-know-how.de.

5270